省卫生健康思想政治工作促进会 编

# 杏林绿色浓

## "广东最美退役军医"

## 征文作品精选

·广州·

图书在版编目（CIP）数据

杏林绿色浓："广东最美退役军医"征文作品精选／广东省卫生健康思想政治工作促进会编．—广州：中山大学出版社，2023.5
ISBN 978－7－306－07772－1

Ⅰ．①杏…　Ⅱ．①广…　Ⅲ．①医生—先进事迹—广东—现代
Ⅳ．①K826.2

中国国家版本馆 CIP 数据核字（2023）第 052474 号

出 版 人：王天琪
策划编辑：熊锡源
责任编辑：熊锡源
封面设计：曾　斌　李桢涛
责任校对：陈　芳
责任技编：靳晓虹
出版发行：中山大学出版社
电　　话：编辑部 020-84111946，84113349，84111997，84110779
　　　　　发行部 020-84111998，84111981，84111160
地　　址：广州市新港西路 135 号
邮　　编：510275　　传　　真：020-84036565
网　　址：http：//www.zsup.com.cn　E-mail：zdcbs@mail.sysu.edu.cn
印 刷 者：佛山市浩文彩色印刷有限公司
规　　格：787mm×1092mm　1/16　13.5 印张　180 千字
版次印次：2023 年 5 月第 1 版　2023 年 5 月第 1 次印刷
定　　价：48.00 元

# 编 委 会

# 序言一

## “白衣天使”中那一道靓丽的国防绿

中国军事科学学会常务理事兼副秘书长　罗援（少将）

罗　援

广东省卫生健康思想政治工作促进会（简称“卫健政促会”）等单位举办“广东最美退役军医”征文评选活动，很有意义。

2022年是建军95周年，中宣部、退役军人事务部、中央军委政治工作部开展“最美退役军人”学习宣传活动，选树先进典型，讲好退役军人故事，弘扬主旋律，奋进新征程。广东卫健政促会等单位着眼广东退役军医多的实际，创新“最美退役军人”学习宣传活动模式，举办“广东最美退役军医”征文评选活动，与迎接宣传贯彻党的二十大工作深度融合，与党史学习教育常态化长效化有机结合。征文里的主人翁有大医院的知名专家教授，有边检站的普通医务人员，还有为家乡老百姓无私奉献的乡村医生；有在抗疫一线的医生，也有默默奉献的护士，还有奋战在医疗战线其他岗位的医务人员。从这些征文主人翁——退役军队医务工作者身上，我感悟到了“战场救治，不怕牺牲；服务百姓，医术精湛；报效国家，甘于奉献”的军医精神，他们不愧为“最美退役军医”。他们

美在自觉为党分忧、为国奉献、为民服务；美在身上烙印的军人作风、军人精神、军人信仰；美在退役不褪色，英勇顽强，不忘初心；美在艰苦奋斗，创新创业，不辱“军医天使”美名。我们今天传扬“最美”、歌颂“最美”，就是倡导退役军医倍加珍惜荣誉、积极投身医疗卫生事业，激励更多退役军医学习“最美”、争当“最美”，营造关心国防、尊崇军人的浓厚氛围。

当今世界正经历百年未有之大变局，我国正处于实现中华民族伟大复兴的关键时期，征途漫漫，唯勇者胜，唯优者先，“最美”们正影响和带动着更多退役军人，一起昂首阔步奋进新时代。

另外，我们还应该看到“广东最美退役军医”征文评选活动的现实意义。前些天，某大学附属医院一位副主任医师的缺德恶行，在社会上掀起轩然大波，我的心情异常沉重。这位副主任医师将患者视为敛财工具，把手里的手术刀变成了残害患者的屠刀，突破了做人的底线、行医的操守，这是对人性的背弃，是对医生职业的玷污。他不是救人而是夺命，他不是白衣天使而是“白色恶魔”。严峻的现实，更让我感到退役军医的可贵，看到征文评选活动的意义。

医生是一个伟大而神圣的职业，关乎民生福祉，关乎百姓健康，关乎人命，关乎政府信誉。悠悠万物，唯此为大。我们就是要大力宣扬退役军医本色，充分展现退役军医对党忠诚、服务人民的高尚情怀和吃苦耐劳、拼搏进取的高贵品质，在“白衣天使”的洁白中再注入一抹刚毅的国防绿。

一直以来，人们都亲切地称医生是“白衣天使”，把他们比作生命的使者、健康的卫士、慈爱的化身。然而，在市场化大潮的冲击与金钱的诱惑下，某些医生的职业操守丢失、医者仁心被冲刷得七零八落。还有极少数人信仰迷惘，为人民服务的观念淡漠，为了

追求利润最大化，不惜铤而走险，以身试法。古人云：医无德者，不堪为医。唐朝“药王”孙思邈也曾说：人命至重，有贵千金；一方济之，德逾于此。这些名言指出的正是大家普遍关心的医德医风的问题，而新时代的医生应该有新时代的特征，不因经济利益的驱使而置医疗原则于不顾，必须忍得住寂寞，耐得住清贫，淡泊明志，宁静致远；坚守信念和理想，不图索取，不求回报，不应有职业优越感，不能将职业作为谋生技术，更不能把职业当作生财之道，它只能是我们为人民服务的手段。须知手术刀凝聚着多少人生的希望和渴盼，性命相托之中维系着多少家庭的悲欢与离合，乃至社会的稳定及发展。对于这些，经过生死考验和艰苦历练的军医应该有更深刻的感悟。

“广东最美退役军医”征文评选活动，是促进党史学习教育的常态化长效化的一种尝试。

我们党历来重视党史学习教育，注重用党的奋斗历程和伟大成就鼓舞斗志、明确方向，用党的光荣传统和优良作风坚定信念、凝聚力量，用党的实践创造和历史经验启迪智慧、砥砺品格。历史给了我们深刻的启示：一切向前走，都不能忘记走过的路；走得再远、走到再光辉的未来，也不能忘记走过的过去，不能忘记为什么出发。要建立常态化长效化的学习教育机制，不断巩固拓展党史学习教育成果。具体到我们医疗卫生战线，就是要弘扬救死扶伤的人道主义精神，始终赓续红色血脉。

发端于江苏省淮安市的新四军“军医精神”，是新四军宝贵的历史文化财富，与“珍爱生命、崇尚科学、乐于奉献、团结进取”的广东医生精神，一脉相承，是共产党人精神谱系中的重要组成部分。讲好军医故事，就是体现退役军人“奉献社会、服务社会”的价值担当，传承红色基因。

让曾经是军人的“白衣天使”们不要忘记军人的经历、军人的担当、军人的风骨、军人的情操，不要忘记我们底色中的那一抹沁入骨髓的国防绿。

是为序。

# 序言二

## 最美退役军医　活出人生精彩

广东省民营医院和卫生社团组织联合党委专职副书记　邓林峰

在中国人民解放军建军95周年之际，我们在伟人孙中山先生的故乡举办“广东最美退役军医”征文活动颁奖大会。大家欢聚一堂，共庆建军节日，共忆激情岁月，共话美好未来。借此机会，受广东省卫生健康委党组书记、主任朱宏同志委托，我谨代表广东省卫生健康委、广东省民营医院和卫生社团组织联合党委，向在座的各位同志以及全省卫生健康系统广大退役军人致以节日的祝贺和亲切的慰问，并对大家在工作中的不懈努力和辛勤付出表示衷心的感谢！

中国人民解放军是一支具有光荣革命传统和辉煌战斗业绩的人民军队。自诞生之日起，坚决拥护服从党的绝对领导、全心全意为人民服务始终是它最鲜明的特征。在党的领导下，人民军队不畏艰难困苦，不怕流血牺牲，历经硝烟战火，一路披荆斩棘，取得了一个又一个辉煌胜利，为党和人民建立了伟大的历史功勋。

退役军医来自人民军队。军队光荣的传统，培养了他们崇高的思想境界和强烈的使命担当；极其紧张艰苦的部队生活，锤炼了他们坚强的意志；军人特有的职业要求，铸就了他们干练果敢、雷厉风行的优良作风。

一朝从军报国，一生坚守本色。从部队到地方，南粤大地广大退役军医始终以忠诚于党、忠诚于人民的政治素养，拼搏进取、无私奉献的高尚品质，不畏艰难、勇往直前的英雄气概，勤奋学习、

扎实工作的人生态度，在各自的岗位上乐于奉献，以优异的工作业绩，为推动全省卫生健康事业改革发展做出了积极的贡献。

我们深切感受到，广大退役军医是一支讲政治、顾大局、讲奉献、勇担当的永不褪色的最美队伍，是一个有凝聚力、战斗力、创造力的永不言败的坚强群体，他们用自己的聪明才智和辛勤汗水，谱写了一曲曲丹心向党、仁心为民的华美乐章。

我们举办“广东最美退役军医”征文活动，就是要传承红色基因，通过选树先进典型，展现退役军医风采，进一步激发广大退役军医的荣誉感、使命感、归属感。我自己也是一名转业军人，我深深地感受到，不管在部队工作的时间是长还是短、职务是高还是低，只要有过部队的人生经历，那一段激情燃烧的岁月、那一段军旅生涯的磨炼，一定会刻骨铭心一辈子，光荣自豪一辈子，它是激励人生不断奋进前行的宝贵财富。

人民军队培养了我们、锤炼了我们。风雨不改其色，岁月难移其志。新时代，习近平总书记对军队转业干部寄予了殷切希望，他指出：“广大军转干部要到党和人民最需要的地方去，积极适应改革开放时代大潮，牢记生命中有了当兵的历史，自觉弘扬人民军队光荣传统和优良作风，在人生的不同阶段、不同岗位上继续出色工作、活出精彩人生。”希望大家将总书记的殷切期望转化为“退役不褪色，建功新时代”的磅礴力量，牢记嘱托、感恩奋进，以更加奋发有为的精神状态，为我省实现“走在全国前列、创造新的辉煌”的光荣使命，提供更加坚实的健康保障，努力在自己的本职岗位上做出新的更大贡献，以实际行动迎接党的二十大胜利召开。

（摘自 2022 年 7 月 29 日在“广东最美退役军医”征文活动颁奖大会上的讲话）

# 目录

杏林绿色浓

# 半个世纪执着行医

宋晓琪

骆抗先

## 主人公小传

骆抗先，浙江诸暨人，主任医师，教授，博士生导师，传染病学专家，曾任南方医科大学南方医院感染内科主任。长期致力于传染病特别是乙型病毒性肝炎的临床、研究和教学，担任全军医学科学技术委员会委员、全军传染病专业学术委员会主任委员，完成病毒性肝炎方面的军队“八五”“九五”攻关课题及国家自然科学基金重点课题。被评为“全军优秀教师”、首届“全国优秀科技工作者”、解放军原总后勤部“精神文明服务十佳先进个人”、“全军院校教书育人优秀教员”，当选为解放军原总后勤部“科学技术一代名师”，中央军委记二等功，荣获“时代楷模”“全国道德模范”“全国优秀教师”等称号及解放军原总后勤部“育才奖”。

这是一条绿树成荫的上班路，他来来回回走了半个多世纪——

迎着细密的春雨，顶着盛夏的骄阳，从青春跳跃走到成熟稳健；踏着秋天的黄叶，冒着南国的湿寒，从急切快速走到有点蹒跚……

每一次走，他都觉得那么熟悉又那么新鲜。哪怕出差，他心里也有放不下的牵挂。

就这样，他一步步走来，走得特别扎实，走得特别执着。穿过风雨，越过障碍，踏过坎坷，受过委屈，但他宠辱不惊，目标始终没有改变：为了摘掉“乙肝大国”的帽子，为了让人民过上没有乙肝的生活！

他出门诊、查病房、走乡村、下基层，治愈和抚慰无数患者；他搞科研、闯难关、写教科书，一版再版惠泽几代医者；他带学生、育新人，培养了一批批乙肝防治的优秀人才；他以75岁高龄

骆抗先（左三）在中宣部“时代楷模”颁奖仪式上

开博客，至今已经16年，用防治乙肝的知识，为千千万万人点燃一盏灯，光芒闪烁。

“骆抗先！”他的大名在业界和乙肝患者中如雷贯耳。他是中国乙肝研究领域的泰斗，他是乙肝防治前线的先锋，被称为“中国乙肝防治第一人”。

多年来，他谢绝采访，谢绝旅游，谢绝不必要的交际和应酬。他总是说，“我剩下的时间不多了，我想尽量把它们留给患者”；他深爱老伴和孩子，尽管难免有顾及不到的遗憾；他关爱学生和同事，真正是润物无声，细微周到；他甚至常常对素不相识的患者伸出援手。实验室经费紧张，他更是大手笔慷慨解囊。可他对自己却总是那么“抠门”：一件旧毛衣穿了多年，手肘处已经磨破，仍然不肯丢弃；家里的碗柜“年事已高”，多次出现“状况”，他也不肯让女儿弃旧换新，理由是没有它，自己的修理手艺就得“废了”……

人们都说：骆老，是榜样，是标杆，更是实至名归的大医！大医有大爱，每一位患者都是十指连心的亲人；大医有大气，每一个研究课题都是为了百姓的健康。他荣获“时代楷模”称号，但他觉得一切归于平凡；他是全国道德模范，去北京参加颁奖大会时，他穿的是向学生借来的西装。面对荣誉和鲜花，他总是觉得有些不安，摆摆手说：我只是一名曾经的军人，一名普通的医生，一名共产党员，有这三个“称号”足矣！在他的心里，有这种称号的人，就应该这样做，别无选择。

他个子不高，嗓门不大，从不唱高调，也没有什么豪言壮语、闪光金句，但他在哪里，哪里就涌动着一股清流，飘扬着一面旗帜。数十年只如当初，流水不腐，旗帜不倒。他的言传身教，他的人格魅力，已经并正在产生出巨大的力量，如三月的春雨，飘飘洒

洒，滋润万物，灌溉出郁郁葱葱的新林，根扎杏坛沃土，树干笔直挺拔，枝叶繁茂，将浓荫连成片，遮风挡雨，惠泽四方……

或许有人一直无法理解骆老，但希望他们至少明白一个道理：这个世界上最好的那部分人，是不会等待别人理解的。最好的人，有明确的人生目标，有足够的毅力和定力，不为名利所动，不因困难退缩，他们或许一辈子就做一件事，一件看似平常实则非常有意义的事，一件付出很多、造福百姓的事。这件事旁人或许不肯做、不敢做、不愿做，但他们做起来却是坚定不移，甘之如饴。他们是值得仰望的高山，是夜空中闪亮的星星，是在绝大多数人前面奋力行进的背影！

或许我们始终难以学到骆老的全部，但都会对他满怀敬意。我们绝不嘲笑他的执着，绝不无视他的奉献，更不会否定他的崇高。弘扬他的精神，有如为寒冷的冬季注入温暖的春风；传播他的故事，就是给芸芸众生树立做人的典范。

他的故事，不仅仅是说给医护人员听的，也不仅仅值得所有医学院的学生们聆听和捧读。他首先是一个大写的人，一个大好人，然后才是大医，是医术精湛、医德高尚的中华大医。

大医不是神医，好人亦非完人。回望 90 年人生路，艰难、辛苦、锲而不舍地追求事业之余，他无愧于天，无愧于地，无愧于自己深深热爱的祖国和人民，他因而快乐、满足、欣慰，但心底也难免有丝丝遗憾……

假如有来世，一辈子当医生没当够，他自然还想继续行医济世，做一个普通的、快乐的医生，帮助一个个患者摆脱疾病的痛苦，攻克一个个攀登医学高峰的难关。他还会那么执着，那么勤奋，那么智慧，那么纯粹，不人云亦云，不同流合污，不贪图享受，不追逐名利。

骆抗先与英雄模范代表欢度国庆70周年

假如有来世，他一定会希望在自己的孩子即将出生的时候，陪伴在爱人身边，见证她们来到世界的时刻，亲吻襁褓中那粉嘟嘟的小脸，为她们多换几次尿裤，多冲几回奶粉，看女儿急慌慌吸吮时甜甜的满足，细细享受为人父的那份快乐、幸福。

假如有来世，他一定会挤出多一点时间，陪伴在女儿身边，教她们咿呀学语、蹒跚学步，和她们嬉戏玩耍，开怀大笑；他要给她们讲更多的故事，多去开几次家长会，假日里领着她们白天逛公园，晚上数星星，听潺潺流水，看花落花繁；他要宠着三个如花似玉的女儿，把她们变成三件贴身的小棉袄，捂得身上热乎乎的，哪怕额头沁出一层细密的汗珠……

假如有来世，他或许要把今生年轻时的爱好一直持续下去。听京剧、刻印章，舞文弄墨，抒发情怀。再发展几项新的兴趣，是钓鱼？是摄影？是多游游天下大好河山？……

当然，他可能根本没有时间去想来世，他的每一天都很充实。他说：“我打算坚持到 2025 年，到时候年轻人也起来啦。我要是

还活着，就在家看看京剧，他们有事找我，我就去一下，当当名片……人总是要做点事情，应该把句号画圆一点。”他是有幽默感的，如此严肃的传承问题、生死问题，他也能说得不显山不露水，波澜尽在水面下。

但我们都知道，骆老是不会退休的，退休好像就不是他了。他习惯每天工作、行医、学习，习惯做好事做好人，就是不习惯被称为“大医”，他一再说自己担当不起……

他走的这条绿树成荫的上班路，就在广州南方医院的大院里，一点也不长，但他的故事很长、很长，动人心弦。就在这条路上，他走了 50 年，也沐风栉雨，也享受阳光。而他的行医生涯，已经持续了近 70 年。他就这样从小骆走成了老骆，又从老骆走成了骆老。但他的奋斗目标从未改变，越接近目标就越坚决、坚定、坚韧。如今，他还在这条路上一步一步地走着、走着——带着微笑，

骆抗先问候社区工作人员

带着信念，怀揣不变的初心。以凡人之躯，行非凡之举，走为民之路，成大医之业。

我们向骆老致敬，就是致敬巍峨厚重的高山，致敬宽广深沉的海洋；我们向骆老致敬，就是致敬五千年绵延不绝的中华文化，就是致敬为民族复兴努力奋斗的伟大精神……

## 作者简介

宋晓琪，女，湖南醴陵人，中国作家协会会员。著有散文集《下辈子我还当女人》《美丽到永远》等，是广东省多个大型文艺晚会的撰稿人。

# 三军老兵的再次冲锋

宋炳军　曾剑萍

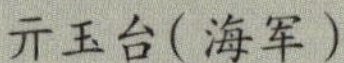

亓玉台（海军）　吉琳（陆军）　宋吉敏（空军）

亓玉台，曾任海军南海舰队湛江基地政治部主任、南沙守礁部队政治委员；转业地方后，任广东省卫生厅党组副书记、巡视员，中国卫生健康系统思想政治工作促进会常务理事，广东省卫生健康思想政治工作促进会常务副会长，获中宣部授予的2019—2020年度“全国政研会工作优秀个人”荣誉。

吉琳，高级政工师，高级经济师。曾任解放军第177中心医院、原广州军区长城医院、原广东省177医院（广东省第二人民医院）政治委员、党委书记，退休后担任广州复大肿瘤医院党委书记、广东省卫生系统思想政治工作研究会副会长兼秘书长；主持的课题项目多次获得军队和广东省科技进步奖，发表学术论文50多篇，出版专著3部。

宋吉敏，曾任空军广州医院眼科医师、广州空军后勤部门诊部主任，先后在解放军第一军医大学、湖南医学院、暨南大学医学部学习或进修；转业地方后，任广东省卫生厅机关党委办公室副主任兼工会副主席、广东省卫生系统思想政治工作研究会副会长。现任广东省卫生健康思想政治工作促进会专职副会长。

还有一年，广东省卫生健康思想政治工作促进会（以下简称“卫健政促会”）常务副会长亓玉台就要迈入古稀了。因为罹患癌症，他的胃部在几年前被切除了五分之四，身材越发精瘦。“年纪大了。”他感叹岁月的流逝，却不打算屈服。

从 17 岁写血书申请入伍到转业，亓玉台当了 34 年的海军，曾穿梭在波峰浪谷中，也曾驻守在南沙岛礁上，无论面对的是恶劣的环境还是生命威胁，他都不曾退缩。后来到了广东省卫生战线，他又成为“广东医生”精神的主要提炼者。

退休后，他的军人作风也从未消退，与分别出身于空军和陆军的退役老兵宋吉敏、吉琳等人一起，以卫健政促会为依托，一头扎进了广东省卫生健康事业党建和文化阵地中，挥斥方遒，激扬文字，打造了一系列经典案例。

## 海陆空走出的三位老兵

“在辽阔南海的高脚屋上，有一群好男儿，手握钢枪。战风斗浪守国门，一颗红心永向党。”熟悉的旋律在手机响起，亓玉台轻轻哼唱，看着桌上一摞泛黄的老照片，他的思绪回到了波涛汹涌的南沙。

亓玉台哼唱的这首歌曲名叫《南沙卫士之歌》，是他 1990 年

在南沙守礁时创作的。经过部队多年磨砺培养，那时的他已成长为南沙守礁部队入编后的第一任政委，带队驻守永暑礁（现永暑岛）——一个距离大陆1000多海里的岛礁，天高海阔，也与世隔绝。

守礁部队要面对恶劣的自然环境和艰苦的生活条件——淡水、蔬菜难以供应，只能吃罐头和压缩饼干；有时烈日曝晒，住的高脚屋就像烤炉；有时台风肆虐，巨浪打到楼顶，把水泥板掀翻。守礁一年多，曾经可以在篮球场上肆意奔跑的亓玉台，患上了严重的关节炎、肩周炎，有时走路只能“横向而行”。

“越是艰苦的环境，越能锻炼意志。”亓玉台说。他是政工干部，又有文艺细胞，在永暑礁等地连续守礁1年3个月，他创建了“南沙守礁文化”。

他号召战士用自己的双手将礁堡建成美好家园，并带头搞建

亓玉台在南沙永暑礁（现永暑岛）留影

设，丰富战士的饮食，也丰富战士的思想：带头建设小菜地、小作坊、小花坛、小猪圈“四小活动”；组织评选了礁花、礁菜——岛礁上长得最好的太阳花和空心菜，定了礁庆——中国收回主权的日子，办了礁报——《南沙卫士报》，写了礁联——“莫嫌礁小，每礁关联三百万；勿觉失大，所失皆为两亿家。横批：功在千秋”，还有他哼唱的礁歌。

亓玉台向军旗宣誓：
永不言退，人在国旗在！

礁歌传唱中，被南海舰队政治部推荐参加中央电视台全国群众歌咏比赛。没有舞台，战士们就在岛礁上站成三排，一望无际的大海就是幕布；没有乐团伴奏，风声、海浪声配乐；没有人指挥，亓玉台自己做了指挥；没有歌唱技巧，就用感情把声音不断拉高，唱着对祖国、对党、对南沙最赤诚的爱。

就是这么朴素的表演，后来获得了歌咏比赛“优胜奖”。

这不是亓玉台和战友们第一次争取到的荣誉。他很善于总结，至今珍藏的笔记本上，记录了不少守礁战士感人的故事。没有他们的坚守和牺牲，就没有如今的永暑岛。新华社曾以“共和国天涯卫士”为题，歌颂守礁部队官兵以超越生命极限的韧性和意志，出色地完成了祖国人民赋予的神圣使命。

1970 年，17 岁的亓玉台即将高中毕业，无意间看到一幅宣传画：“一位重伤的战士拿着冲锋枪，绷带溢满鲜血，依然往前冲。”

他记得很清楚，画的名字叫《生命不息，冲锋不止》。一股无以名状的热流在心中涌动，他有了一种强烈的欲望：当兵，守国门！恰逢南海舰队到学校征兵，他第一时间报了名，因为怕自己选不上，还咬破手指写下血书——“手指很难咬破的，我下了很大的决心”。

就在亓玉台入伍的前一年，宋吉敏和吉琳也报名参军。前者加入空军，被分配到韶关空军机场；后者加入陆军，被分配到海南陵水挖坑道。虽然分属三个不同的兵种，但军旅生涯为他们打上了许多相同的印记：吃苦耐劳的坚韧品行、永不言退的拼搏精神以及对党和人民的绝对忠诚。

三人在部队里没有交集。1980 年，在海上经受了 10 年风浪后，亓玉台去广西梧州的大山里当了教导员。守礁前，他还担任过海军广州基地勤务船大队政委，曾率 836 船一年六赴南沙建礁，该船荣获集体二等功，他个人也被记了三等功。

吉琳（右四）带领省二医医护人员进行党日活动

吉琳经过几年挖坑道的艰苦岁月，也被提拔为干事，从事文化工作，负责创作、演出和宣传。1990 年亓玉台前往守礁时，吉琳的人生也迎来了新的篇章——去原广州军区 177 医院当政委。1998 年，在他的领导下，医院完成改制转业，并于 2004 年更名为广东省第二人民医院（以下简称“省二医”），建成全国最早的省级应急医院之一。

宋吉敏的道路有些不同。从军的第二年，他就被部队作为医生重点培养，先后在解放军第一军医大学（现南方医科大学）、暨南大学医学部、湖南医学院（现中南大学湘雅医学院）学习、培训，主攻眼科。“我当了 32 年眼科医生。”宋吉敏说。2004 年，他转业到广东省卫生厅，任机关党委办副主任兼工会副主席。

亓玉台也是 2004 年转业，2009 年调任广东省卫生厅纪检组长，后分管党建和宣传工作，三人迅速熟悉起来。

2013 年，时任省卫生厅主要领导决定重启休眠状态的卫生健康系统思想政治工作促进会，从另一个层面推动党建工作。亓玉台被选为常务副会长，宋吉敏是副会长，吉琳则是副会长兼秘书长。此时，三位老兵已相继退休，原本应该颐养天年的他们重回一线，与后来加入的老兵郗芳等人一起，奔走在 21 个地市近百个县区，为广东卫生健康事业的党建和文化建设出谋献策。

## 让“广东医生”精神深入人心

在卫健政促会启动之前，他们已经在卫生健康领域成就了一番事业。

吉琳在省二医培养了不少好医生。王玲是其中的优秀代表，她把自己嫁给了医学事业，把患者当成家人，在血液科的工作曾得到

钟南山院士的充分肯定；她廉洁从医，“不想自己被人定价”，30多年拒收患者红包上千次，金额达数十万元。2005年，她荣获“全国先进工作者”称号和“白求恩奖章”两大荣誉。

因为在省卫生厅工作，亓玉台和宋吉敏的舞台更大一些。

2012年，他们一起带队赴喀什慰问广东援疆医生，发现了一个奇怪的现象：很多维吾尔族群众看病指定要挂广东医生的号。“看到这一幕，我突然想起了《谁是最可爱的人》。”亓玉台说。作家魏巍塑造了抗美援朝志愿军的主体形象，影响了一代代的中国人，这触发了他的灵感。“过去，我们对广东医生的宣传是点状的。就像放烟花，一个故事讲完就过去了。能不能也打造一个主体形象？”

从喀什到广州，亓玉台的大脑一直高速运转。经过多方了解和深入思考，最终他提炼总结了“珍爱生命、崇尚科学、乐于奉献、团结进取”的“广东医生”精神，得到了厅党组的充分肯定和积极推广。

“最初我们想叫‘广东好医生’，但几经讨论，最终还是选择用‘广东医生’代表整个群体。”宋吉敏说。此前，我国并没有一个医生主体形象，广东成了第一个“吃螃蟹”的省份，并以此为抓手，挖掘并塑造了一个个重大先进典型。

两年后，中央电视台“时代楷模”发布会上，一个笑容憨厚的广东医生出现在台上，他是广州复大肿瘤医院院长徐克成。时年74岁的他，也是一名癌症患者，仍带领团队进行科研攻关，成功救治肿瘤患者7000多名；他收治患者从不分贵贱，甚至还做亏本买卖，为300多名贫困病人减免医药费近500万元。

徐克成的故事是吉琳受邀担任广州复大肿瘤医院党委书记时发现的。“我起到了桥梁、纽带的作用。”吉琳说，他向省卫生厅推荐

了徐克成，随后亓玉台、宋吉敏与其联手，在厅党组的指导下，选树为全国卫生计生系统首位“时代楷模”。

“党建引领”卫健政促会工作思路

又过了两年，在同一个发布厅里，南方医科大学南方医院感染内科教授骆抗先被中宣部授予“时代楷模”称号。骆抗先不仅是全国著名的乙肝斗士、网红专家，也是一名退役老兵。他除了专注临床和基层肝病防治，还笔耕不辍，75 岁高龄开始学习上网，10 年撰写了近 400 篇科普博文，为无数乙肝患者解疑释惑。

徐克成、骆抗先的个人事迹本身极具典型性，但酒香也怕巷子深，卫健政促会的一群老搭档做了大量工作。“从发现典型、培养典型、树立典型，再到扩大影响，要经过层层审核，我们都参与其中。”宋吉敏回忆说。卫健政促会帮助选拔典型、分析案例、撰写材料等，每一个环节都精益求精、追求完美。

数据显示，卫健政促会重启以来，亓玉台等三位老兵带队，已先后培树全国重大典型 2 人，全国最美医生和中国好医生、好护士

若干人，南粤楷模 7 人，中国好人、广东好人 10 余人等，无论是“两学一做”学习教育的优秀党员典型徐鄰、车小燕，还是中山大学附属第一医院急诊科主任詹红、广东省中医院珠海医院针灸科主任艾宙等，都为弘扬“广东医生”精神发挥了较好的示范作用。

最初，“广东医生”品牌的塑造和传播以选树人物典型为主。2015 年，亓玉台又结合最新的宣传方式，策划了微电影大赛，并由宋吉敏牵头组织评选。一双双握惯了注射器或手术刀的手写起了脚本，捧起了摄像机，用或生涩或熟稔的镜头，让更多人看到广东医生的追求与选择、责任与担当。

第一届大赛颁奖时，时任国家卫生计生委副主任崔丽正好率队在广东调研卫生计生文化建设工作，应邀出席了颁奖活动，并对这一创新做法给予充分肯定。如今，微电影大赛已经举办到了第五届，与广东好医生评选、演讲比赛、摄影大赛等共同组成了一年一度的“广东医生”系列主题活动，持续擦亮“广东医生”品牌，让“广东医生”精神深入人心。自 2017 年来，“广东医生”系列主题活动转由《人之初》杂志社承办，亓玉台等人作为指导专家继续深度参与。

## 党建引领卫生健康事业发展

如果说，“广东医生”品牌调动了广大医务人员的工作积极性，那么，亓玉台的另一个党建工作方法创新，则从医院层面不断凝聚干事创业的力量。

2015 年 12 月，亓玉台受邀参加在福建古田举行的全国卫生计生系统思想政治工作会议。古田是著名的红色小镇，是“思想建党、政治建军”原则的诞生之地，也是新型人民军队定型的地方。

卫健政促会领导迎接党的十七大代表王玲载誉归来

“中国红军以星星之火形成燎原之势，即使在武器装备落后的情况下也能打胜仗，凭借的就是‘政治建军、思想建党’。”亓玉台说。党的十八大以来，习近平总书记两次到访古田，均重点提及这一思想。这一次在古田与全系统党建等领域的专家敞开心扉交流，并多次参观古田会议遗址，亓玉台想了很多。

作为一名老兵，亓玉台曾系统地学习过“思想建党、政治建军”的理论，并有所实践；此时又在卫生健康系统工作多年，熟悉卫生健康领域的行业特点。多种思想充分碰撞并最终淬火成钢，形成了“思想建党、文化建院”的理念，并最终成为广东卫生健康行业党建工作的重要指导原则。

几个月后，亓玉台和广东省卫生健康委的两位领导到北京汇报工作。国家卫生健康委分管领导听到这个创新举措，频频颔首，当即推迟了原有的工作安排，10 分钟的交流最终延长到整个上午，“您的想法与我们不谋而合，可以积极实践”。

吉琳和宋吉敏都有在医院工作的经验，对医院党建工作有着清晰的认知，他们向亓玉台建议，有了指导思想，还要有一套可操作性极强的党建工作法。

2016年9月，中共广东省委第九巡视组向广东省卫生健康委党组反馈巡视“回头看”情况，提出的问题之一就是党建和业务存在“两张皮”的现象。2018年，中共中央办公厅印发《关于加强公立医院党的建设工作的意见》，对卫生健康系统的党建工作提出了新要求。在此背景下，卫健政促会加快了调研、总结的步伐。

“党建不是一般性的工作，必须要有清晰的工作思路，要有典型引领，最终还要落脚到支部建设上。”亓玉台说。但具体怎么提炼，他和两位战友一时想不通。每次卫健政促会上班，问候语都从“吃了没”变成“有想法了没”。

年龄大了，睡眠少了。每天清晨4点多，亓玉台都会醒来，起床嫌早，就躺着复盘过去、思考未来，脑子里不时蹦出一些灵感。有一次，思绪仿佛银瓶乍破，又如流星从夜空划过，一个想法浮出来就再也散不开，就是它了：班子有作为、支部有方法、党建有品牌、单位有典型，简称“四有”党建工作法。

有了框架，再润色就快多了。他拉着吉琳和宋吉敏对这一想法不断丰富，又拜访了时任广东省卫生健康委党组书记、主任段宇飞。后者听了他的讲述，认为其想法紧扣中共中央和广东省委关于加强公立医院党建工作的文件精神，是一整套成熟、完整的提高医院党建质量的具体路径，当即拍板支持，并定义为“四有工程”。

亓玉台与吉琳、宋吉敏深入党建工作较好的南方医院、佛山市中医院等调研，并推动高州市人民医院等单位率先实践，积极验证。还邀请全国医院党建工作指导委员会办公室主任杨建立和中央党校、广东省委党校专家现场指导，最终形成了全国卫生健康系统

宋吉敏（领誓人）带领党员在烈士陵园宣誓

有影响力的党建工作法。

"'四有工程'符合党中央对公立医院党建的意见和要求，具有将公立医院和非公医疗机构通盘考虑的鲜明特点，将目标导向和问题导向相结合，聚焦解决党建和业务'两张皮'问题，效果好。"杨建立点赞说。

以"思想建党、文化建院"为指导，以"四有工程"党建品牌为抓手，不少医院走出了独特的发展之路，高州市人民医院就是典型代表。

这家县级医院曾是全国基层医改标兵，但医院党建弱化、决策过度依赖领导层，最终于 2013 年被央视《焦点访谈》两度曝光批评，形象一落千丈。在医院新班子邀请下，亓玉台、宋吉敏和吉琳多次前往高州把脉问诊，以党建引领医院的转型改革。

倒下的旗帜再扶起来并不容易，亓玉台建议医院一步一个脚

印。第一步，乘着党的第二批群众路线教育实践活动的春风，医院党委带头认真学新思想，制订班子整改方案、专项整治方案、制度建设计划等，实现整改成果制度化——这一做法迅速被广东省委实践办简报刊登并向国家推荐，医院成为整改典型；第二步，全面探索将党建融入医院业务中的方法，凸显党委领导作用，将支部建到科室，充分发挥管理效能，树立党员典型并推动其参与到各项工作中，最终形成合力，把医院建成全国县域医改样本。

高州距离广州400多公里，开车要4小时。第一次去指导时，亓玉台刚做完胃癌手术不久，吉琳刚结束房颤治疗。

“我们去的时候，脸色都是白的，有点灰头土脸。”吉琳回忆。看上去是“残兵败将”，工作中却是精兵强将。2017年10月，高州市人民医院再一次登上中央电视台——《新闻联播》“十九大时光”栏目把高州“大病不出县”医改样本作为头条播出。全院职工终于扬眉吐气。

后来，宋吉敏也查出癌症。三位老兵就这样拖着病体，奔波在广东卫生健康系统的党建一线，行程已超过三万公里。

在他们指导下，佛山市中医院形成了“党委——支部——科室”的三级管理架构，阳江市人民医院提出“党建福民”的工作理念，南方医院、佛山市第一人民医院、廉江市人民医院等30多家医院党建品牌的背后都有他们的付出。他们还经常受邀举行讲座，为有关从业者传授“四有”党建、典型塑造等方面的心得。

如今，老兵们的战斗仍在继续。“我们招之即来、来之能战、战之能胜。”亓玉台说。只要还能走动一天，他们就要为全省医疗卫生系统的思想文化建设事业奋斗一天，“在老兵的阵地里，没有‘退却’二字”。

## 作者简介

宋炳军，男，山东沂水人，广东省作家协会会员。曾任读者集团《明周刊》执行副主编、主笔，《人之初》杂志社副总编辑、采编部主任、主笔，在《人民日报》等媒体平台发表作品200余万字。

曾剑萍，女，广东肇庆人。《人之初》杂志社记者、编辑，在各种媒体（杂志）发表作品20余万字。

# 大医如水

杨建华

沈　鹰

沈鹰，上海人，主任医师，博士生导师。从事中医、中西医结合临床工作48年，在治疗内科疾病方面积累了丰富经验，尤其对风湿性疾病、脾胃消化病、肿瘤和疑难杂症的治疗有较深的造诣。1986年特招入伍，任原广州军区广州总医院（现南部战区总医院）中医科主任，所带科室被评为“国家中医药管理局中西医结合风湿病重点专病中心”及广东省“十一五”中医重点风湿病专科，国家卫生部、国家中医药管理局、总后卫生部联合授予“全国综合医院中医药工作示范单位”、“全军中医药工作先进单位”等称号。发表论文40多篇，出版著作2部，获军队科学技术进步奖二等奖1项、三等奖5项，医疗成果三等奖3项，广东省科学技术奖二等奖3项、三等奖1项。荣立三等功2次，2005年被评为“全军中医药工作先进个人”。

6月的广州，雨水似乎比往年多了许多。有了水的滋润，举目绿荫如盖；有了水的浇灌，街边鲜花盛开；有了水的调度，空气也显得格外清新怡人。漫步在雨水中，甚至可以精微地看见椭圆的水滴，在空中坠落到物体上瞬间修复成完美的圆形模样，听到它清澈潇洒、潺潺低吟的美妙音符。

医师就是那种如水滴般追求完美的职业。

的确，我没有想到，当了几十年记者，第一次被拒绝，竟然是给我治病两年多的医生——南部战区总医院中医科主任医生沈鹰，并且，没有半点情面，没有丝毫回旋的余地。

其实，我与沈鹰主任相识于2020年5月。此前，我在北京301医院做了甲状腺清扫术，因为有淋巴结和皮下组织转移，医生判定我是一个高危病人，全切手术后，即安排了大剂量的碘131放射治疗。出院后，我回到了广州，甲状腺手术和放疗后所有的不良反应在我身上都格外凸显，真是度日如年。不久后的一份体检报告让我无法淡定了：肺结节、胆囊结节、甲状腺残余和双侧乳腺结节，以及子宫肌瘤，一下子全摆在了我的面前，我几乎绝望，这运气也太差了吧！

有人建议我先手术切掉最危险的乳腺结节。我不敢。一是不想接受“万一”，二是考虑到从手术到放疗，几乎要了我半条命，如果再做一次手术，无疑会雪上加霜。于是，我一次次踌躇在医院的诊室外，反复纠结该做怎样的决定。一天，无意中我在南部战区总医院门诊部六楼走廊上看到墙壁上悬挂的该院中医科专家介绍。沈鹰主任一下子映入我的眼帘：主任医师，医学硕士、教授、博士生导师，中医科特聘专家。从事临床工作40多年，在中医、中西医结合治疗内科疾病、脾胃消化病、肿瘤和内科疑难杂病方面均有深厚造诣。

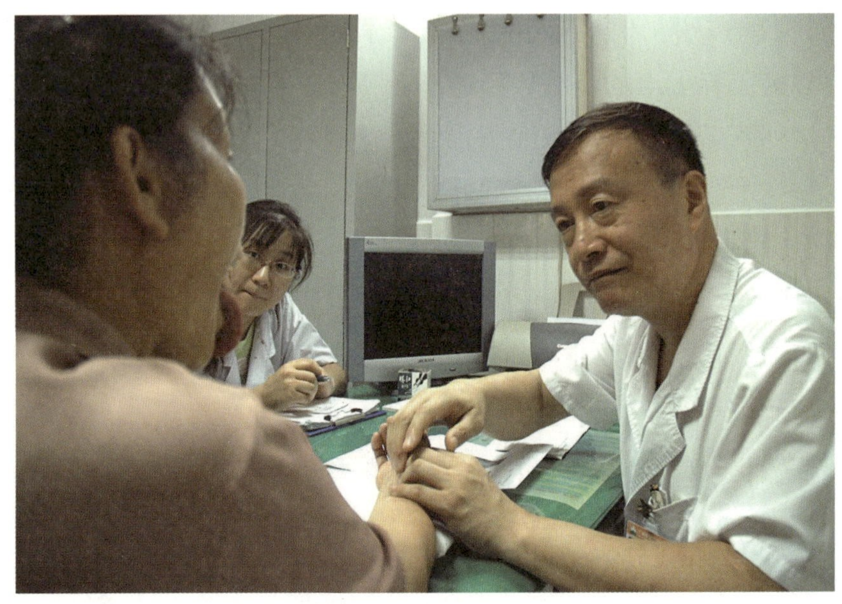

沈鹰主任在给患者把脉问诊

仿佛是在黑暗中看到了一丝光明。我问自己：中医典籍累累，渊源深厚，为什么不尝试换一种方式治疗呢？

我立刻去挂号处询问是否还有沈主任的专家号？小姑娘笑着回答：沈主任从来不限制军号，你找对人了。沈鹰主任早就声名显赫，在医院，从科主任到机关干部，说起沈主任都会敬佩地竖起大拇指：他曾主持“十一五”国家科技支撑计划项目，先后发表论文40多篇，撰写出版专著两部，获军队科技进步奖二等奖1项、三等奖5项，医疗成果奖三等奖3项，广东省科技进步奖两项，还多次被评为优秀共产党员，等等。

这些成绩，如果在大外科、大内科，我相信“大牛”医生会很多，可是在中医科，不但大环境受到很多因素制约，而且，治疗方法和西医大相径庭，如此多的成果，可想而知要付出多少艰苦的努力，经过多少倍数的科学实践，才能获得。

第一次，当我拿着病历忐忑地走到沈主任面前时，发现沈主任和宣传栏上的军装照有很大区别，可能是退役多年了吧，原本清瘦的脸颊略微圆润，他肤白，发白，白色的衬衣领被熨烫得整整齐齐，一副浅色的金边眼镜，更衬托出他长期行医所养成的学术型专家的模样。他核对了我的名字，边看病历边问："哪里不舒服？""我做了手术，放疗，还有多处结节，睡不着觉，也吃不下东西。"我当时有些语无伦次，急于表达而思维混乱。沈主任侧转身来，很和蔼地看了看我的舌象，又垂下眼睑用两只手指摸了摸我的脉搏，轻轻地对我说："不要着急，首先要吃好睡好，我给你开几副药。"他在电脑上一个一个勾点，又在病历上写下清秀的诊断意见和处理方案，再核对一遍，交给了我。

离开的时候，他特意举起右手做了个向下的手势，嘱咐我："让自己放下来。"神奇的是，一周之后，我的胃口大开，每天三顿饭，除了按医嘱不吃无鳞鱼，不仅吃嘛嘛香，而且睡眠也好多了。从此，我几乎每半个月都会去沈主任那里复诊、调药。记得去年底，广州经历了一场由机场工作人员意外暴露引起的奥密克戎 2 型传染性疫情，总医院被框定在防范区的中心，管控也空前紧张。医护人员都穿上了防护服、戴上了面罩和手套。去复诊时，我特意戴了 N95 口罩，但当看到沈主任仍穿着他最常穿的白大褂，戴着最普通的医用口罩，还是那种安之若素、从容不迫的样子时，无形中给了我很大的信心和力量。古人说："水皆缥碧，千丈见底。"比喻水至清时，能一眼见底，让人心安自在。我深深地感受到，沈主任的平和与镇定，不仅在于他有足够的自信让病毒"逃"不出他的眼睛，更在于以他的手指与患者脉动相互感应来准确诊断和辨证患者的"病根"在哪里。这小小的举动是医者用心、用情、用力、用水平解决患者疾病与痛苦的关键所在，所谓"失之毫厘，谬以千里"

啊。沈主任的风范和责任不言自明。

春去秋来，我的体重已经恢复到手术前的水平。一次，我拿着新的乳腺检查报告问沈主任：“我到 × × 医院和 × × 科看过，医生建议我手术。您看该怎么办？”这显然是给沈主任，甚至是给中医学科出了个难题呀。沈主任没有怪我，而是又把我前前后后的病历仔仔细细地看了一遍，这让诊室外等待看病的病人都着急地挤进了诊室里，就差让沈主任直接把我打发走算了。沈主任依旧平静，满头的白发在窗口射进的阳光下熠熠生辉，他轻声细语地对大家说：“我动作比较慢，别急啊，一个一个来。”那种心平气和、泰然自若的气度如刀刻一般直入人的心底，病人都自觉地退了出去。说实话，看病那么久，我才在他垂目拿脉的时候第一次仔仔细细地端详沈主任，我感觉他身上有一种魔力，是那种给病人以安全保护、让病魔退避三舍的从容与自信。他思路清晰地对我说：“肺结节、胆囊结节定期复查便可，甲状腺需要及时调整优甲乐用量，乳腺结节虽然性质不乐观，但手术也有一定风险。我们调整调整，让出问题的地方散结、解瘀。”他给我开出一个包含了壁虎、茯神、白花蛇舌草、肿节风、夏枯草、瓦楞子、红豆杉、醋莪术等看上去有些吓人的大药方，并嘱咐哪些药先煎，哪些药后煮。每次复诊都有不同的调整，半年后，乳腺结节居然缩小了。

心至净，行至美。当一个人内心干净时，便不会被欲望所裹挟，被名利所牵绊。世间的纷繁复杂，真假是非，皆如大浪淘沙，沉淀之后，清净如碧水。沈主任七十好几的人了，拒绝了多家单位的高薪聘请，却一周四天出现在南部战区广州总医院中医门诊，给来自基层的官兵看病，给来自边海防的军人家属解决疑难病症，常常顾不上喝水、上厕所。他的好，正如《菜根谭》中所言：“君子之心，青天白日。”无论世间浮沉，内心始终纯净如水。我想，这

便是他做人的本色与态度。

6 月 29 日，也就是我想采访沈主任的那天。我沿着沈主任每天上下班的路，来回走了三遍。主任在这条路上走了几十年啊！多少个平平凡凡的日子，有多少个病人找他看过病、拿过药，治好了多少个病人，被多少人感恩、赞颂，他却始终如水一般静静地往低谷中流淌，虽容纳万物，却从不矜高自大。

因为专程来找沈主任看病的病人很多，我特意去挂了他的号，想等到他下班时跟他约个时间聊一聊。11 点半时，走廊里还有 10 多个病人，我有点着急，乘着诊室里前一位病人从凳子上起身的时刻，赶忙走了进去。不想，一位中年妇女捷足先登，快步靠近沈主任身边耳语："主任，帮我加个号吧，我没抢到……"沈主任愣了一下，本能地回答："不行，后面还有七八个病人呢。"中年妇女没有挪步，坚持说："我的药已经吃完，您最后给我看吧，我等您。"沈主任不语，她便不走。沈主任只好拿出张纸条，写上了自己的名字。中年妇女欢天喜地地出去了，受她的影响，一个年轻女孩风一样地飘进来，也是要加号的。沈主任一边摇头一边轻声自语："又要加号，我怎么办呀！"

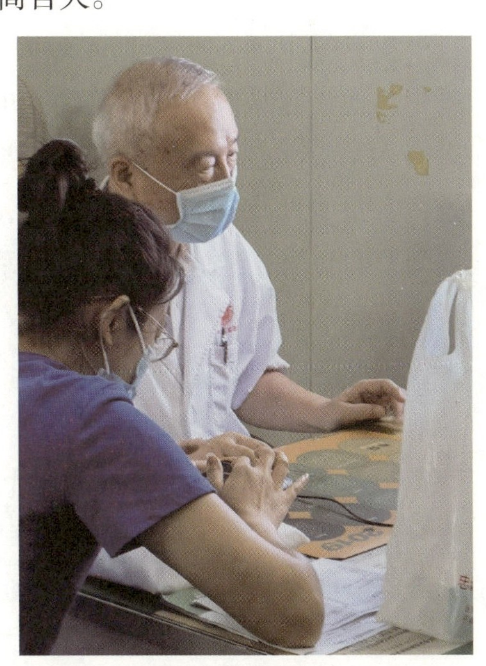

沈鹰主任在问诊患者

显然，这样的情形绝对不是第一次了。我粗略算了一下，即便是每个人 10 分钟计，沈主任下班最快也要到中午 1 点半左右。

终于到我了。沈主任伸出右手，习惯地找我拿病历。我说："主任，我今天不是来看病的，而是接到一个全国退役军人事务部下发的评选'最美退役军人'的通知，我想写写您。"

沈主任反应神速，立马摇头："不行不行，我就是个普通医生，有那么多英雄模范呢，去写他们。"说完，就不再理我，继续看诊下一个病人。

我只好退后一步，见一对夫妻推着一个坐在轮椅上的大男孩进来。他们是从广东汕头赶过来的。孩子在6月19日突发单侧肌肉痛，无法行走，睡觉也痛苦不堪，去了好几家医院，做了很多检查，都没有明确诊断。沈主任认真地看完每一项检查报告，仔细询问发病时间、经过、疼痛性质等，孩子的母亲焦急地问："医生，我儿子会不会变残啊？"孩子的父亲则关心还需要做哪些检查。沈主任不动声色，让孩子从轮椅上坐到自己身边的方凳上。孩子一个劲地叫疼，沈主任鼓励道："只要站起来，移动一步。"终于，孩子扶着轮椅站了起来，沈主任则蹲下身子，从孩子的后背直至足踝进行探摸、按压，并对发病前没有剧烈运动、没有发生意外等进行确认之后，他对孩子的父母说，孩子患的是急性脊柱炎，需要做一个微创手术。得知孩子家在外地，他掏出手机跟病房联系床位。趁这当儿，他朝我摇了摇头，那意思是："怎么还不走？该吃饭去了。"决绝地继续呼点下一个病人。

显然，采访根本无望，我沮丧地退出诊室。忽然，听到走廊里那个"加号"的中年妇女在安慰焦急等待的病人说："能治好你的病，再晚也值得等！"我感慨万分。原来，在那么多病人眼里，沈主任是值得信赖和托付的，而在沈主任心里，病人是高于一切的。他在日复一日的望、闻、问、切中不断积累、精进，对每一个病人都至真至诚，以医者仁心，悬壶济世。即便是退役了，他依然用军

人的标准脚踏实地，不忘初心，将每一个病例都看作自己必须化解的责任；即便是退休了，他也保持着不懈的追求，医术与医德比肩。这正是沈主任给我的最大启示和教诲啊！

回家的路上，雨还在下着，一滴一滴落在地下，汇聚成流。有水光潋滟，清澈见底，定向而行。我想，我们每一个人在活着的过程中，无时无刻都离不开水的供养，它像空气一样游走在地球的每个角落，是最常见、最廉价的，而沈主任，以及像沈主任一样众多的人格高尚、医德高超的医生们，他们就像晶莹剔透的水一样，通达四方，广济天下，把爱心、包容、亲和力输送给需要它的人们，无论有多少阻隔、多少诱惑，他们都不曾有一丝动摇，即使关山层叠、百转千回，他们依然只求奉献而不图回报，他们有着无法替代的、高贵的德行。庆幸我们的时代，有千千万万像沈主任这样的好医生，似一滴一滴的水珠，汇聚成江河湖海，浩浩渺渺，激浊扬清，纵然粉身碎骨也绝不退缩。

听，那“滴答”“滴答”的水滴声，守护着万家康宁，代代平安。

## 作者简介

杨建华，女，高级编辑，原广州军区战士报社记者、编辑。2005年获广东新闻人物最高奖——金枪奖。著有小说散文集《我的绿色我的秋》，报告文学集《追逐着你的追逐》，人物传记《李向群》《抗洪勇士李长志》等。

# 天使的模样

能　戈

王　玲

主人公小传

王玲，山东海阳人，主任医师，医学博士。曾任广东省第二人民医院（原解放军177医院）血液科主任。2003年因抗击“非典”成绩显著，被广东省委省政府记二等功。先后被评为广东省“三八红旗手”、广东省“模范共产党员”、“南粤巾帼十杰”、“全国先进工作者（全国劳模）”、全国“巾帼建功”标兵、“全国十大医德楷模”，荣获“白求恩奖章”。2007年5月当选为党的十七大代表。以王玲为原型创作的电影《生死托付》，作为建党85周年献礼影片在全国放映。

那些年，刘茂林、张金霞夫妇经常带着女儿晶晶出门，出远门。有时候坐火车，有时候坐汽车，去得最多的地方是江城武汉。

晶晶生活在中国中部的九江市，这是一座濒临长江的港口名

城。烟波浩渺的鄱阳湖、“人文圣山”庐山是她的亮丽名片。锦绣山水给了晶晶灵气，她聪明伶俐，落落大方，可是没想到，在她即将结束幼儿园生活时，却患上了被称为“血癌”的白血病。

“这是一种什么病啊？”刘茂林夫妇有些发懵。接诊医生给她们科普：“M4 白血病是白血病中的一种常见类型。简言之，就是急性粒－单核细胞白血病，需要接受化疗，治愈的概率在 40%左右。要是患者比较年轻、疾病进展缓慢，一般治愈率比较高。”多家医院比较之下，张金霞带女儿住进了武汉协和医院，主治医师是一位名叫王玲的医生。

住院 3 个月后，晶晶鼻子大出血，血小板只有 1.5 万（正常人 10 万～30 万），每天靠输血维持生命。看望她的亲友对她说白血病很难治愈，花钱也是白花，晶晶听到后情绪十分低落。王医生见状，不停地给她鼓励：“你只是贫血而已，只要听医生的话多吃饭，就会好起来。”住院期间，王医生总是给晶晶极大的精神鼓励，告

王玲与白血病患儿一起欢度六一儿童节

诉她要相信医生，相信自己，战胜病痛。小晶晶对王医生产生了依赖感，每天都要见到王医生心里才觉得踏实。

晶晶每天的治疗费用要三四百元。刘茂林夫妇在港务局上班，家里并不富裕，多年积攒的家底仅够四五个月的费用，随身带来的钱到5月底就花光了，刘茂林忙赶回九江筹钱，两天后才能返回。按医院规定，两天内不交纳费用，医院就要停药。张金霞没有了主意，愁眉不展地坐在病床边。就在这个时候，王医生进来查房，看见张金霞焦急的神态，连忙问发生了什么事情。张金霞向她讲述了即将面临停药的窘境，当天要交400元，可现在手里一个子儿也没有。王医生听完后说了声“别急”就走出了病房。10多分钟后，气喘吁吁的王医生返回病房，掏出400元钱塞到张金霞的手里，算是解了燃眉之急。那时，王医生与张金霞仅仅是普通的医患关系，彼此谈不上了解。

“我双手都在颤抖。要知道，90年代的400元钱不是个小数目啊。连亲戚朋友都不愿意借钱给我，可王医生……”张金霞在后来的座谈会上哭着回忆说。

几天后，病情本已稳定下来的晶晶突然大口吐血。刘茂林夫妇欲哭无泪，无可奈何地选择了“放弃”。一个含苞待放的花蕾面临着早谢的危机。

王医生得知后，连忙赶去病房劝说：“现在正是晶晶的危险期，虽然贫血没有生命危险，但血小板过低，有可能因大出血而死亡。”王医生苦口婆心，希望晶晶过了危险期这几天再出院。可张金霞愁眉苦脸地说：“能借的已经借了，实在是无能为力了。”白血病治疗时间长，花费比较大，尤其是在出现各种并发症的时候，一般家庭难以承受。

话已至此，王医生只好默默地为晶晶出院做准备。她给晶晶

静脉输了一袋血小板，避免在回家的路上大出血。她再三叮嘱张金霞，孩子目前的情况并不代表病情加重，是治疗过程中出现的正常现象，一旦渡过了这个危险期，孩子的病情就会明显好转，不要放弃，千万不要放弃！

晶晶出院数天后，刘茂林就收到了王医生的来信，询问晶晶的康复情况。全家人非常感动，当天就给王医生回了信，说晶晶的头发开始脱落，实在没有钱再住院治疗了。得知晶晶的情况后，王医生又写了一封长信，嘱咐他们千万不要放弃治疗。“刘晶晶的病情已出现好转的迹象，目前是治疗的最佳阶段，一定要坚持治疗。”她在信中给晶晶定制了一个详细的化疗方案，告诉他们化疗间歇期可以看中医调理脏腑，还附上了中医处方。她随信给孩子寄了张生日卡，祝“小猪”（晶晶属猪）健康向上。现在，这些信、这张生日卡，已经泛黄，可刘茂林还珍藏着，当传家宝。

按照王玲医生信中给出的处方，刘茂林每周都到丰城市中医院

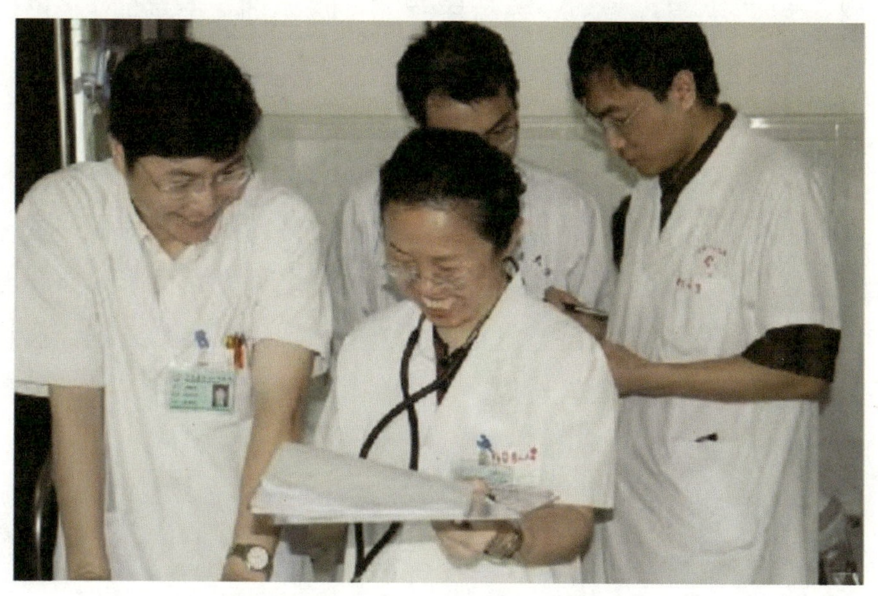

王玲看到患者康复的检测报告喜笑颜开

购买这些中药。经过 4 年的不懈努力，晶晶的白血病竟神奇般地好转了。他给王医生写了一封信，想把好消息告诉他们的恩人，可信发出去后却没有回音了。等了些日子，他见仍无音信，就专程去了趟协和医院。滴水之恩当涌泉相报，朴实的刘茂林懂得这个道理。但医院儿科主任告诉他，王玲是来同济医科大学学习的，早已离开了协和医院，去向不明。刘茂林失望而归。

刘晶晶终于完全康复，并于 2002 年考上了九江师专中文系。金榜题名，让她更加想念给予自己第二次生命的王玲医生。在校期间，每当她学习取得优异成绩时，感恩王医生的念想就愈加强烈。

2003 年，江西电视台“都市频道”开辟了一个新栏目《帮你寻找你最想见的人》。刘茂林夫妇闻讯后，连忙赶往南昌联系栏目组。栏目组被他们讲述的往事深深感动，现场制作了一期节目。刘晶晶在节目里说：“那时我还小，王医生的样子记不太清楚。但我知道，王医生的模样就是天使的模样。她那么为我们病人着想，她就是我们的亲人。”节目在电视台连续播放了 3 期（即 3 个星期），仍然没有王玲医生的任何音信。

王玲医生，您在哪里啊？

刘家人没有放弃，继续寻找。

张金霞翻出了刘晶晶当年在协和医院住院的病历，一张一张地寻觅，终于找到了当年儿科教授王碧玉的签名处方，全家人如获至宝。于是，刘茂林揣着已经发黄的处方笺再次来到协和医院，找到了王碧玉教授。王教授告诉他，王玲在广州的部队医院，具体是哪家医院，她也不知道。

2004 年的中秋佳节快到了。张金霞对老伴说：“今年中秋节团圆饭，要是能和王玲医生一起吃，那真是太好了！”夫妻俩思来想去，认为还是应该找王碧玉教授，请她务必帮助他们找到恩人。

10月12日，张金霞拨通了王碧玉教授的电话，恳请他帮忙。王教授为王玲的事迹所感动，同时也敬佩患者家人的感恩之举，爽快回答："给我一周时间，我一定帮你们找到王玲。"

10月18日，张金霞再次拨通王碧玉教授电话，王教授明确地告诉她，王玲目前在广东省第二人民医院血液科工作。

13年了，终于有了王玲医生的准确信息，全家人非常兴奋。刘茂林夜不成眠，连夜写了3封信，第二天早上，分别寄往广东省卫生厅、广州市卫生局和广东省第二人民医院血液科王玲本人。

10月24日，王玲收到刘茂林的信后，就给他们打去电话。电话通了，尽管分别了13年，张金霞还是听出那略带山东口音的就是王玲医生。

张金霞哽咽了，一旁的刘晶晶克制住眼泪，停顿了一会儿说："您是王玲医生吗？您知道我是谁吗？我找了您好多年，终于把您找到了！"

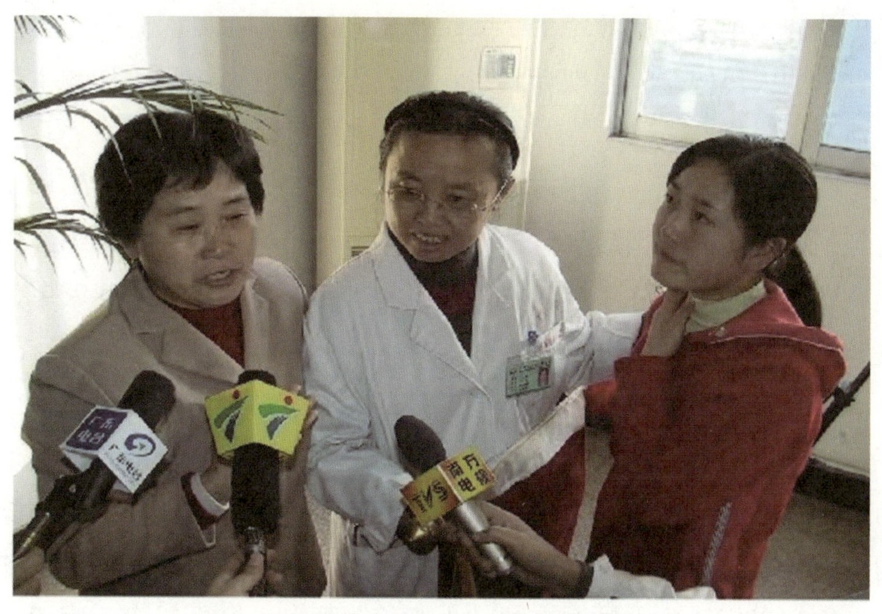

王玲与患者刘晶晶（右）及母亲张金霞（左）

王玲的记忆有些模糊。她1989年考入武汉同济医科大学，成为同济医科大学附属协和医院儿科杨爱德教授的博士研究生，主修小儿血液（临床型），曾到协和医院学习。1992年7月完成学业后就返回了广州。十几年过去了，她治疗的白血病患者数以百计，一时没能“对号入座”。

张金霞抢过电话说：“您还记得当年给我400块钱的事吗？就是您给了我400块钱，又给我们写信，还写了中医处方，才挽救了我女儿的命呀！现在，刘晶晶马上就要大学毕业了……我们一家人不知道该怎么报答您的恩情。”

在张金霞断断续续的述说中，王玲想起来了。她就是曾在协和医院住院的M4型白血病患者刘晶晶的母亲。王玲有些激动，急切地问起刘晶晶这十多年的情况。电话两端，双方都有说不完的话，千言万语，万语千言，像久别重逢的朋友，更像分别多日的亲人。这时，刘茂林夫妇才知道，原来在他们离开协和医院后不久，王玲就回到了单位解放军177医院，后来解放军177医院改名为广东省第二人民医院，她现为广东省第二人民医院血液科主任和主任医师。

广东省卫生厅、广州市卫生局、广东省第二人民医院的领导了解到刘家寻人的前因后果后，感到有些意外，但更多的是感动。先进典型就在身边，好医生情系患者，是大家学习的楷模。几家单位领导一致决定，尽快安排时间，让刘晶晶一家人与王玲医生见面。

2004年12月15日上午，中共广东省委宣传部、广东省卫生厅等在广东省第二人民医院联合召开座谈会。几十名来自广东省内外的患者及家属争先恐后地讲述了王玲热情鼓励、帮助他们战胜病魔的感人故事。轮到刘晶晶发言了，她小心翼翼地拿出珍藏十多年的两封信和当年王玲为她挑选的“小肥猪”贺卡，泣不成声。座谈会

卫生部部长高强（右）和王玲亲切握手

现场，她和妈妈展开了一面鲜红的锦旗，“医术精湛，医德高尚”8个大字闪亮夺目。

就在这时，媒体记者发现王玲医生并不在现场。“王玲医生呢？怎么没请她来参加会议？”当会议主持人告诉大家，王玲医生今天值班，无法出席会议时，许多人建议说：“这面锦旗一定要当面送给王玲医生，请她参加今天的座谈会。”在医院领导的协调下，王玲来到了座谈会会场。

见到了阔别13年的恩人，刘晶晶扑到王玲的怀里，一声“王妈妈”还未出口，已泣不成声：“今天我见到了我最想见的人。”

现场的人无不动容，潸然泪下。

从护士、医师到主任医师，王玲40年如一日，视病人如亲人，以高尚的医德、精湛的医术、无私的爱心，诠释着新时代优秀共产党员的高贵品质和“最美退役军医”的良好形象，用真情营造出了和谐的医患关系，赢得了人民群众的爱戴与敬重。

王玲从医之始，仅是一名只有初中文化水平的卫生员，30 多年后已成为医学博士、主任医师，这不是简单的学历提升，更是她迈向“大医”的不懈追求的见证。为减轻患者痛苦，找到不同中草药的镇痛效果，她在自己的两条腿上人为制造了十多个创面，亲身体验止痛效果，至今腿上还存留着十多个让人心疼的疤痕；为随时掌握患者病情的变化情况，她竟三个星期没离开科室，累了在值班床上歇一歇，饿了用方便面或快餐充饥，硬是把患者从“阎王殿”门口拉了回来；为给患者找到最佳治疗方式，她曾两次抽取自己的骨髓进行临床实验……

著名军旅作家、《欧阳海之歌》作者金敬迈老先生了解到王玲的事迹后，脱口而出：“我看了天使！虽然我不在现场，可我看见她了，清清楚楚的，一个朴朴实实的白衣天使的模样。”

王玲 40 余年从医路，救死扶伤美名扬。2006 年 4 月，以王玲为原型创作的电影《生死托付》在广州开拍，该影片作为建党 85 周年献礼影片在全国公映。王玲先后被评为“全国先进工作者（全国劳模）”、全国“巾帼建功”标兵、“全国十大医德楷模”、广东省“模范共产党员”、“南粤巾帼十杰”，荣获“白求恩奖章”，并高票当选党的十七大代表。

## 作者简介

能戈，军旅作家，原总参谋部机关退役军官，已有数百万字作品问世。

# 热血丹心

高杨予兮　小　乔

张刚庆

## 主人公小传

张刚庆，湖南祁阳人，主任医师，医学博士后，硕士生导师，广东省第二人民医院医教部主任。擅长甲状腺、乳腺、肝胆、胃肠道等疾病诊治以及创伤等危急重症的治疗。曾担任广东省医疗人员援藏队队长，出任林芝市人民医院副院长及“三乙”办主任，被中共西藏自治区党委和政府评为“优秀援藏干部”。受组织指派，到广东北部贫困山区阳山县人民医院担任院长，先后被评为“清远市最美医生”“清远市道德模范”。抗击新冠肺炎疫情期间，带领医疗队员先后在武汉国际会展中心的江汉方舱医院和江汉开发区方舱医院开展患者救治工作，累计管理床位 471 张，收治患者 404 人，治愈出舱患者 107 人，取得了“患者零死亡、医护人员零感染、治愈患者零回头、安全运行零事故”的良好成绩。

1967 年 5 月，湖南永州东北部祁阳县羊角塘镇远近闻名的岐黄人家的张长庚的媳妇吴均英生了一个大胖小子。乡亲们奔走相告，父亲乐得逢人便发红鸡蛋，德高望重的爷爷更是捋着胡须直言："后继有人了。"他们给刚刚出生的孩子取名张刚庆，希望他能继承世代中医的衣钵，为邻里百姓看病解忧。

张刚庆从小聪明，草药医方一学就会，语文算术名列前茅。不过，这小子好舞刀弄枪，还有模有样地学电影里的游击队长，当上了"孩子王"。初中毕业的时候，他当着全家人的面宣布："我要去当兵，到边防站岗，到南海守礁我都愿意。"父母说服不了他，就找到了学校。最后，在老师的帮助协调下，双方各退一步：父母收回成命，张刚庆则必须考上县一中，争取报考提前批的第一军医大学。爷爷拉着张刚庆的手说："如此一来，你既能圆梦当兵，又能传承医学，可要争气啊！"张刚庆不负众望，从县一中高歌猛进，并以优异成绩从军医大毕业，自愿到基层部队当了一名军医，开启了从三湘大地到岭南广东深造，赴白山黑水戍边，闯改革开放前沿的军旅、求学和从医之路。

## 一

广东省第二人民医院前身是解放军第 177 野战医院，组建于 1947 年。2004 年，中共广东省委研究决定，医院划归广东省卫生和计划生育委员会直属管理，更名为广东省第二人民医院，并成为全国首个省级应急医院。也正是这一年，同样的原因，张刚庆不舍地脱下了军装，却满怀"厚德精医，扶危救急"的激情，报考了以军人为主体的中山大学广东省第二人民医院博士后工作站，2005 年 9 月正式进入该科研基地。出站后，他坚决要求到工作最繁忙、任

务最艰巨的急诊一线当医生，用辛勤的汗水和丰富的知识抢救了成百上千名危急患者。由于他责任心强，工作能力突出，第三年即被医院领导调到医院管理的“司令部”医务处，统筹医疗、质控、院感、医疗纠纷和预防保健等工作，同时还担任医院三级甲等评审具体执行者的职务。

在这里，他虽然脱下了军装，却以一个军人的使命和责任圆满完成了从军人到学者、从医生向医院管理者的身份转变。他每天忙得像个陀螺，却善于在繁杂的事务中抽丝剥茧，样样工作井然有序。他主抓的另一重要板块——科研和教学屡创佳绩，单位接连获得省科学技术二等奖。

工作上付出的多了，与家人团聚的时间就少了。妻子经常说，他把家当饭馆了，一个月只回家吃几顿饭，有时还没吃完就走，电话铃声就是他的紧急集合号，只要一响，拔腿就往医院跑。

2012 年，医院顺利通过三级甲等医院评审，打了一场漂亮的大胜仗，张刚庆的身体却出了问题。由于透支太多，原本强壮的他频繁胃痛，急剧消瘦，但他仍然坚持工作，半年后才去找老同学检查。结果，竟然是严重的恶性肿瘤。“我要马上手术，尽快开始工作。”他悄悄跟同学商量。同学坚决反对：“不行，这么大的事情，怎么能瞒着家人？”最后，同学坚持“按医疗常规要求，必须家属签字”，他这才不得不告知妻子。

他怕妻子担心，手术签字是当着妻子的面自己代签的，而他的父母、岳父母至今还不知道他曾生病住院。术后半个月，他拆了线，就去上班了。后续化疗也是利用中午休息时进行的，下午照例上班，很多同事都不知道他生病，以为只是休了几天假。

“醉卧沙场君莫笑，古来征战几人回。”这也许是他当初执意参军的原因吧。部队锻炼了张刚庆坚强的意志，培养了他不辱使命

的责任意识，他也早就做好了啃硬骨头的准备：“没有扛不下的活，没有过不去的坎。”

## 二

奉献不止是一种情怀和精神，更是对理想的坚持与担当。

2015 年 8 月 19 日，作为广东省第一批医疗人才“组团式”援藏队的队长，张刚庆带领 15 名队员，肩负党中央和中共广东省委、广东省人民政府的重托向西藏出发。他心里牢记着此行的任务：全力支持林芝市人民医院科室建设和医疗人才队伍建设，并通过持续支援，整体提升该院医疗服务能力和管理水平。

一路向西。巨大的海拔落差和艰苦的环境、有限的资源、落后的诊疗技术……无疑是横亘在每个队员面前的重重困难。何况，张刚庆还处在手术后的恢复期呢。如果……没有如果！在他看来，选择援藏，是一次奉献、一种胸襟、一回历练，须真心实意地投入，

国家紧急医学援藏队队员宣誓现场（左一为张刚庆）

情真意切地付出。

在鲜艳的党旗下，他带领全体援藏队员庄严宣誓：时刻牢记宗旨，不忘初心使命，继承发扬新时期广东精神和“老西藏精神”，时时处处展现干事创业、奉献西藏的良好风貌。他坚信，如同当初认准“军人拿起钢枪，就意味着放下儿女情长；穿上军装，就要舍弃舒服安逸”一样，无论在哪里，只要催生这样一种激情，就能够战胜一切困难。

张刚庆喜欢在傍晚时漫步，每当走在夕阳下，他的心中总会燃起一盏熠熠闪耀的灯，纷繁的思绪变得清晰而坚定。他很快理出了工作思路：着重思想建设和专业帮扶两手抓。他按队员来源地域、单位以及特长进行分组，成立了医疗队领导小组、临时党小组、业务工作组等，各组分工合作，保障了援藏工作的顺利开展。同时，设计制作了队徽、队旗，开辟了工作、生活展示栏，还定期组织活动，开展援藏纪律、安全意识、民族团结教育等，营造“家”的氛围。大伙儿都夸他“家长”当得好，他谦逊地说，这些都是新时期思想政治工作的“好经验”，也是部队留下的“传家宝”。

援藏不是镀金，而是为西藏建设和发展做贡献，也意味着张刚庆在负责援藏队工作的同时，还肩负林芝市人民医院副院长及“三乙”办主任的职责。他必须思考如何以最具挑战性的姿态提升自我和完成使命，而他深厚的学识和丰富的经历恰恰为他此次壮行打下了良好的基础。他习惯调研、论证，一旦确定目标，便像攻克敌人碉堡一样坚决拿下。于是，日日精进，月月开花。随着他“了解—熟悉—理解—体谅—帮助”方案的实施和“全员集训”工作的铺开，林芝市人民医院各项工作取得明显成效，形成了“本地医生虚心学，帮带医生乐于教”的良好氛围。

一年后，医院医疗管理和质量控制体系得到全面规范和细化，

开展临床新业务、新技术 20 余项，被带教对象多数都能独立完成本专业的常见病、多发病、危重急症及一些疑难病例的诊治，并独立开展三四级手术。医院获得了“三乙”评审的优异成绩，它证明林芝市人民医院全面建设迈上了一个新台阶，也证明广东医疗队付出大量心血和汗水的援藏工作成效卓著。

张刚庆在主持项目启动仪式

“授人以鱼，不如授人以渔。”在通过“三乙”评审后，张刚庆又积极与林芝市人民医院领导层协商沟通，谋划医院“创三甲”工作，集中医疗人才“组团式”援藏队队员，征求“后援”意见，共同完成了“创三甲”工作规划及年度发展目标的编制，制定了《林芝市人民医院关于创建国家三级甲等综合医院的实施意见》《林芝市人民医院关于创建国家三级甲等综合医院人才规划》《林芝市人民医院关于支援下级医院实施方案》《林芝市人民医院信息化建设方案》等，为医院的进一步发展做出了更详尽的规划，医院发展欣欣向荣。

2016年5月，张刚庆被中共西藏自治区党委和西藏自治区人民政府评为“优秀援藏干部”。他的人品、能力、官德在医疗队队员和当地群众心中有口皆碑。

## 三

在和平稳定的时光里，人民群众对美好生活有着新的向往和期待，脱贫帮扶成为当代中国最显著的特征。

2015年6月29日，为发挥广东省第二人民医院的网络医院优势资源，着力实现省、县、镇、村医疗服务一体化精准帮扶计划，广东省第二人民医院与阳山县人民政府签署了共建“医疗卫生服务共同体”的协议，成立了广东省第二人民医院阳山医院集团，决心帮助阳山人民实现大病不出县、小病不出镇、预防在基层，县域内就诊率达到90%左右，医疗卫生服务均等化的目标。

张刚庆再次主动请缨，前往广东省贫困县阳山县，担任广东省第二人民医院阳山医院集团管委会副主任、阳山县人民医院院长。

摆在张刚庆面前的问题非常棘手。一方面，阳山县人民医院医疗技术人员普遍职称偏低、学历不够，人才分布和梯次矛盾突出，乡医队伍不稳定；另一方面，夹在粤桂湘三省区接壤处的阳山县群山环绕，村、镇间隔遥远，交通不便，崎岖蜿蜒的看病路，令村民苦不堪言。

初心如磐，奋楫笃行。

张刚庆曾任广东省第二人民医院医教部主任和院长助理多年，十分清楚交通阻隔和经济落后导致的困境，必须从管理理念开始拓荒、更新。他带去了省级三甲医院在医院管理、基础设施建设、人才培养、学科建设、诊疗技术、科研、教学等方面的先进经验，从

医院内部开始，大刀阔斧改进机关作风，建章立制，提升综合服务能力。面对人才匮乏的问题，创新“医联体帮扶”模式和特岗专家工作模式，提升阳山县域医疗体系的整体诊治水平。同时，加速网络医院组建和外连，使得广东省第二人民医院与阳山县人民医院、基层卫生院、村卫生站，能够通过网络实现网上实时会诊和病例讨论。随着阳山县远程医学中心体系、胸痛中心陆续建成，一大批新技术、新业务成功开展，新型 CT 和核磁共振等设备先后投入使用，众多患者能够在家门口享受到优质的医疗资源。2018 年，阳山县人民医院完成门急诊诊疗 437213 人次，同比增加 25680 人次；出院 25758 人次，同比增幅 2.81%。2019 年，“阳山远程医学模式”完成远程培训 1912 人次，远程会诊 483 例，远程心电诊断 52826 例。

“咬定青山不放松，立根原在破岩中。千磨万击还坚劲，任尔东南西北风。”几年间，阳山县从偏远落后的贫困山区，一跃迈上共享先进医疗的“快车道”，让普通群众就医看病得到了实实在在的好处，张刚庆也获得了广东省“广东好人”和“优秀共产党员”的光荣称号。

## 四

2020 年初，一场突如其来的新冠疫情打乱了人们的正常生活节奏。正当人们都期待新春佳节到来之际，地处九省通衢的江城武汉发现了紧急疫情。

一时间，武汉告急！武汉医疗告急！

在那个夹杂着病毒和恐惧的凛冽寒冬，党中央一声令下，无数人挺身而出，一批又一批向着危险“逆行”！

张刚庆又一次主动报名参加援汉医疗队。领导考虑他身体不好，已连续多次外出执行任务，开始并没有同意，可经不住他的执着坚持，最后只好“放行”。2月3日深夜12时，张刚庆带领着广东第七批援汉医疗队、广东国家紧急医学救援队61人，冒雨带着7台救援车辆，以及药品、医疗设备、防护和生活物资31吨，成建制驰援武汉，直抵武汉江汉方舱医院。

疫情来势汹汹。张刚庆敏锐地意识到，甲类传染病病死率高，传染性强，只有减少院内感染，才能保存长久有效的“战斗力”。他们在抗疫一线首创“安全观察员”（后改叫“院感观察员”）制度，用于督导方舱医院救援队员规范穿脱防护服，避免发生职业暴露和交叉感染。同时，还负责护送队员上下班与出舱后的消杀，为每一位医务人员上下班“保驾护航”，确保“非战斗减员”。

一次次与时间赛跑，一次次从死亡线上挽回生命，医疗队队员们在尽全力治愈患者的时候，也在不断地探索和学习。2月19日，随着“应收尽收”政策的落实，江汉方舱医院需要分出一支较成熟的队伍，去开辟新“战场”。广东队一马当先，迅速抽调人员集结到江汉开发区方舱医院。

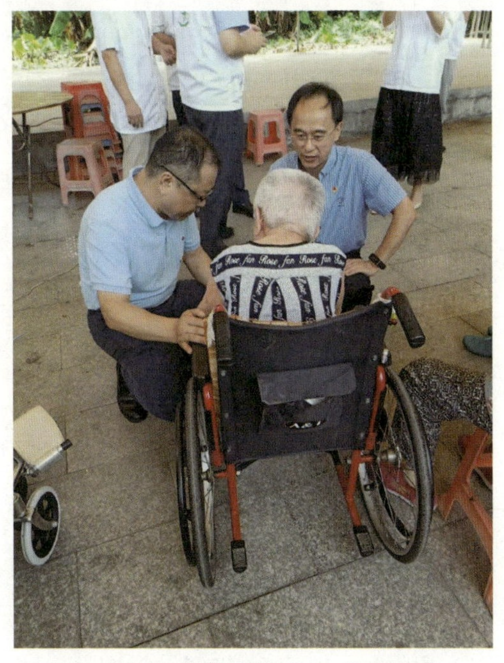

张刚庆视患者为亲人，敬老助残

“战斗”间隙，张刚庆召集队员们总结经验，梳理前期工作流程。真不愧是广东应急医院出来的队伍啊！他们将患者进舱、病情分层、

诊疗方案、病情发展、转诊或出院记录等，都做得非常细致、规范，虽然没有“前车之鉴”，但一个非常清晰的“诊疗路线图”就此诞生了。按照这个“诊疗路线图”，广东第七批援汉医疗队累计管理床位471张，收治患者404人，治愈出舱患者107人，取得了“患者零死亡、医护人员零感染、治愈患者零回头、安全运行零事故”的骄人成绩。

3月17日，张刚庆代表广东医疗队向中共中央政治局委员、国务院副总理、中央指导组组长孙春兰等领导，现场汇报在方舱医院中推广的“安全观察员”制度，得到了孙副总理的充分肯定和高度赞扬。

“千淘万漉虽辛苦，吹尽狂沙始到金。”从武汉国际会展中心江汉方舱医院到江汉开发区方舱医院，张刚庆和他带领的广东第七批援汉医疗队、广东国家紧急医学救援队，以冲锋的姿态在抗疫前线奋战了46个日日夜夜，直到方舱病人全部出院，直到武汉抗击疫情取得全面胜利。

作为这场“战疫”的一名指挥员、战斗员，张刚庆深深地体会到：冲锋就是战士最美的姿态，胜利就是祖国和人民给予的最高荣誉。

目标永远在前方，拼搏永远在路上。

2022年，新冠疫情暴发后，广东省政府为补齐公共卫生短板，决定兴建广东省公共卫生医学中心。这个国内大型突发传染病综合防治以及国内一流、全球领先的公共卫生医学高地，计划选址在广东省泗安医院所在地。这里曾被称为“最后的麻风岛”，四面环水，偏僻闭塞。要承担未来发展的重担，上级领导考虑让有着丰富管理经验和抗疫经验的张刚庆担任省泗安医院党总支副书记、副院长职务。可是，他已经年满53岁了，又做过胃切除手术，总是让他处

于东奔西征的“战斗”状态，实在有些不忍。于是组织上征求了张刚庆本人的意见，而他毫不犹豫地表示：“革命战士一块砖，哪里需要哪里搬！”

责任就是使命，需要就是号令。这已经深深地刻入张刚庆的生命里。他交代完手里的工作，立刻来到了新的工作单位，迅速融入新的工作团队，出谋划策，共同筹划公共卫生医学中心建设蓝图，并立下了坚决完成新时代使命任务，无怨无悔实现为党和人民事业奋斗终生的庄严承诺。

好样的，张刚庆！

未来，定会更精彩！

## 作者简介

高杨予兮，女，出生于湖北武汉，法学硕士，文学博士。著有《我在武汉的抗疫日记》《潮起珠江竞风流》《最美的青春乐章》等作品，现为某高校教员。

小乔，女，出生于湖北武汉，本科毕业于美国印第安纳大学布卢明顿分校，传媒学学士。

# “创”字当头的领军者

涂学能

黄　东

## 主人公小传

黄东，广东湛江人，主任医师，教授，博士研究生导师，享受国务院政府特殊津贴专家，全国医师奖获得者，华南名医，广东省劳动模范。曾任广东省第二人民医院创伤显微外科主任，现任广州和平骨科医院院长。广东医学会手外科分会主任委员，广东省科学技术奖和广东省医学科研基金评审专家，广东省显微外科学会常委，广东省修复重建外科学会常委，《中华显微外科杂志》等多个国家级核心杂志的编委。在国家级刊物发表论文100多篇，其中SCI（国际核心期刊）论文20多篇；获中华医学科技奖二等奖2项，广东省科学技术奖二等奖2项，军队科技进步奖5项；主持国家自然科学基金项目1项、省部级科研课题10余项。

在广东省第二人民医院75年的发展史上，无论是前51年的部队医院历史，还是后24年的地方医院历史，有一个必将写入院史的主任医师：第一个获得国务院政府特殊津贴、第一个荣获省级“劳动模范”称号、第一个当选省级医学会分会主任委员。

他，就是广东省第二人民医院创伤显微外科原主任、现任广州和平骨科医院院长——黄东。

## 一

1977年1月，风华正茂的黄东从湛江应征入伍，从部队考入第一军医大学，毕业后来到解放军第197医院（后177医院）工作，从一名普通医师成长为主任医师、教授、博士生导师、华南名医；1998年随单位集体转业。迄今，他从事创伤骨科临床40余年，让成千上万的伤痛患者得到了及时救治和康复，以一位临床外科医生的实际行动实践着自己的信念与人生价值。

都说外科医生辛苦，其实创伤显微外科医生更辛苦。因急诊多、创伤复杂、技术要求高、镜下手术时间长、劳动强度大，通宵达旦的手术是常事，许多医生不愿意选择这个“吃苦受累”的专业。可为了挽救断指/断肢、肢体严重创伤的患者，让他们重新回归社会，黄东毅然选择了这个职业，而且一干就是40余年。

2006年5月，广州某旅行社的女导游小王因车祸致上肢挤压撕脱离断合并断掌、断指伤，失血性休克，被紧急送到创伤显微外科。黄东当即组织医疗人员边紧急抢救边送手术室进行手术，全科人员开始了生命的接力。鉴于患者伤情过于严重，有的医生建议说：“保肢太困难了，还是先保命，截肢吧！”黄东看着女导游乞求的眼神，坚定地说：“命要保，肢体也要保！”经过10多个小时

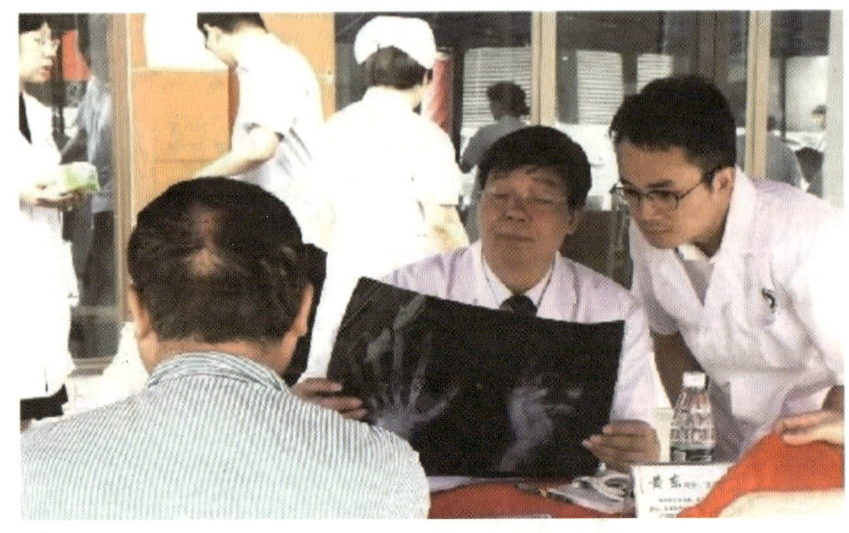

黄东与助手一起分析患者伤情

的细雕慢琢，患者离断肢体的血管、神经、肌腱在显微镜下一一得到了完美修复。术后，黄东吃住在病房，日夜守护患者，直到她安全度过后手术期。当患者、亲属、单位领导看到原本破损不堪的肢体再植修复如初时，惊呆了："黄主任妙手医骨，真如华佗再世！"

2007 年 8 月的一天凌晨，番禺患者黄某因车祸致右手软组织严重毁损、右手多指多段离断，伤情非常严重，需要马上手术。黄东家急促的电话铃声打破了深夜的寂静，刚从手术台上下来回家尚未入睡的他二话没说，穿上衣服就往医院赶。他知道，一定又是一位危重患者需要救治。伤情就是命令。匆忙赶到手术室的黄主任察看了患者的伤情后，就立马为患者进行手术。凌晨的病区十分寂静，时间一分一秒在流逝，只见他手中纤细的显微缝针在高倍显微镜下不停地飞舞着，像绣娘在精心织锦，更像老妈妈在缝补破旧衣裳——终于，患者离断的手指恢复了血色，手术成功了！

时间已在不知不觉中跳到了次日上午 8 时 30 分。直到这时，双眼布满血丝的黄东才松了一口气。患者得知自己的手指保住了，

忍不住流下了激动的泪水。已有20多个小时未合眼的黄东，终于露出了疲惫而欣慰的笑容。手术成功、患者满意，不正是对他20多个小时不眠不休最好的回报吗？

像这样的事例不胜枚举，通宵达旦的紧急抢救和长时间手术是黄东的工作常态，40多年不曾懈怠。常年高强度的工作，经常严重睡眠不足，加之长期手术操作的固定姿势，使他经常颈背酸痛难忍，甚至过早地有些驼背。尽管在他的带领下创伤显微外科已培养了一支精益求精、技术娴熟的专业队伍，但面对大量患者渴望帮助的眼神，他总是笑着安慰同事们说“我没事”“我来吧”，然后又投身紧张而劳累的救治一线。无论是平时还是节假日，每天再晚他也要到病房转一圈，哪怕是外出开会或讲学，他也总是惦念着病房里的患者，晚上总会抽空打电话到病房询问患者的病情，然后才能入睡。这已是他多年以来形成的工作作风。

正是对工作的全心投入和医术的精益求精，黄东在从医的数十年间，治愈了一个又一个伤残的身体，挽救了一个又一个濒临绝望的心灵，把许许多多的“不可能”变成了“可能”，进而把一个个“可能”变成了美好的现实。

1996年至2017年，黄东和创伤显微外科的同事们先后施行断肢断指再植手术约6000例，断肢再植成活率100%，断指再植成活率96%，多指多段离断再植成活率90%以上。无论是救治患者的例数，还是再植成活率，在广东省乃至全国都处于领先水平。

这是一个了不起的记录。

从这组既冰冷又鲜活的数字里，人们看见了一只只残肢重获新生，听见了无数个家庭又传出了欢声笑语。

# 二

“做一台手术，出一个精品。”这句流传在医院内的格言，是黄东激励、鞭策自己和同事们敢于超越、不断进取的精神动力。

数十年来，黄东和他所带领的团队在肢体创伤修复、功能重建、皮瓣移植、断指/断肢再植和疤痕整形等领域，都取得了显著成绩，使无数手指和肢体残疾的患者重新获得新生。但是，他并没有满足于此，更没有止步于此。沾沾自喜不是他的性格，故步自封更不是他的作风。他和他的团队没有停止钻研、开拓、创新的脚步，执着、奋进、勇攀高峰的精神激励他们一路前行，取得了一批批新技术和新的科研成果，并不断充实到临床的实践之中。

——在国内外率先开展无静脉吻合的断指再植新术式，从而提高了断指再植成活率，有效降低了伤残率；率先开展了足趾综合改形再造拇手指，使其外形与功能完美兼备。

——在国内率先开展了新的组织瓣修复肢体严重创伤，拯救了部分濒临截肢的肢体，取得了显著的社会和经济效益，受到同行专家的高度评价。

——“复杂性拇手指缺损再造新技术的建立及临床应用”的课题研究，荣获2013年度中华医学科技奖二等奖。中华医学科技奖是我国医药卫生行业最具权威的科技奖项，也是所在医院当时在此领域获得的最高奖项。

时间就像一张网，你撒在哪里，就会在哪里收获。黄东先后发表论文100余篇，其中SCI论文20余篇；获军队科技进步奖5项、广东省科学技术奖二等奖2项；主持国家自然科学基金项目1项、广东省科研基金10余项。

黄东全身心扑在创伤骨科的临床实践与研究上，技术精益求精，得到了政府和社会各界的肯定。2005 年，被评为“享受国务院政府特殊津贴”专家。2008 年被广东省医学会及广东省手外科界一致推选为广东省医学会手外科分会主任委员，2012 年因工作成绩优异连任。2014 年荣获“全国医师奖”。2016 年任广东省医学会显微外科主任委员，先后两次荣立三等功，多次被评为优秀共产党员和先进党务工作者。

在黄东的带领下，创伤骨科于 1998 年被定为广州军区“创伤显微外科中心”，2007 年又被评为“广东省创伤显微外科特色专科”，2011 年被评为“广东省创伤显微外科重点学科”。

## 三

在患者的眼里，黄东是一位好医生，这不仅是因为他医术精湛，更重要的是因为他清廉的医风和对患者的关爱得到了患者发自内心的认可。

为患者倾注的热情、付出的心血，患者及家人都看在眼里，也记在了心头，许多人都想找机会表达一下谢意。可是，他们送出的红包或礼物，都无一例外被黄东婉言拒绝了。他始终保持着清正廉洁的医风，没有出现一例投诉，更没有一例医闹。

黄东常说：“医生最大的满足在于通过自己的双手治愈了患者的疾病，而不是利益金钱上的得失。患者来医院求医治病，多少都要背负经济上的压力，生活不易。再说，医院发的工资也足够维持正常的生活开支，收受患者的红包，于情于理于法都说不过去。”这朴实无华的语言，道出了他作为一名共产党员、一名退役军医，心中永远把老百姓的利益放在第一位的博爱胸怀。

黄东在工作中不仅时刻廉洁自律，不收受红包和回扣，而且还经常接济经济困难的患者。2008 年 2 月的一天，一个 17 岁的脑瘫患儿不幸被大火烧伤，其父母将他送到医院后，就消失得无影无踪。看着躺在病床上体重不足 30 斤的男性患儿在不停地抽搐，他心里隐隐作痛，给患者取了个名字“晓晓”——太阳升高谓之“晓”。他认为，只要治疗及时、精心护理，患儿就会迎来明天升起的太阳。

黄东不但没有因为晓晓的医疗费没有着落而放弃救治，而且嘱咐护士长要千方百计落实好晓晓的饮食和起居生活，并带头捐募筹集晓晓的生活费，给予他无微不至的关怀。经过创伤显微外科倾力治疗和精心护理，智障、发音不清的晓晓不但战胜了病魔，而且还长胖了许多，每天快乐地生活着，看到医生、护士长、护士就欢快清晰地叫“爸爸、妈妈、姐姐”。半年多后，晓晓终于康复了，也和科室里的医务人员产生了深厚的感情。送福利院时，晓晓紧紧地抱着黄东，嘴里不停地叫着“爸爸、妈妈、姐姐，不要送我走”。那一刻，黄东的眼睛湿润了，许多在场的患者也都被这一幕深深地感动着。

晓晓的故事，只是黄东和他领导的创伤显微外科帮扶患者众多故事中的一例。多年来，谁也记不清黄主任到底无私帮助了多少患者，记不清他和他的科室资助了多少有困难的患者。面对患者，他们不是亲人胜似亲人。

## 四

2017 年底，年满 60 周岁的黄东，从省第二人民医院的科主任岗位退休，受聘于广州和平骨科医院，担任院长，开始了新的

“创业”。

从科室主任到一院之长，岗位变了，“官”当大了，但他救死扶伤的初心没有变，人民军医为人民的传统没有丢。他退役不褪色、退休不退岗，继续发挥自己的专业特长，奉献余热，惠泽患者，造福社会。

黄东长期担任科室领导职务，对培养青年专家团队有着深切的体会。他说：“要为患者解除伤痛，单靠个人的力量不行，必须注重专业人才团队的培养。”因此，他在担任院长职务后，就下大力气培养显微外科的青年医生队伍，以学科建设和学术创新助力医院业务的全面发展。他办起了“和平论坛”，不定期举办手外科、显微外科专题研讨会，邀请省内外知名专家教授传经送宝。正是在他的影响和带动下，医院形成了良好的学习风气，一批批年轻人脱颖而出，多次受邀在省内外各种学术会议上演讲，并在省级、国家级青年论文竞赛中，取得骄人成绩，获得的各种奖项超过 25 项。

黄东在广东省劳模表彰大会上留影

黄东常说的一句话就是："医院不能以营利为目的，治病救人永远是医生的天职，跟医院姓公还是姓私无关。"即使到了地方医院，他依然坚守着这个承诺，敬佑生命高于一切。

2019 年 12 月，23 岁的广州小伙儿李明因车祸导致右腿严重创伤，由于经济等各种原因未得到及时有效的治疗，右腿创口腐坏，面临截肢的危险。患者及其养父心里十分焦急。2020 年 6 月 19 日，李明来到和平骨科医院时，病情非常严重，伤口腐臭，骨头外露。如若再不及时治疗，就只有选择截肢了。可小伙子还如此年轻，因此而截肢，这样的境况让医生们非常心疼。黄东明确表示："对李明免费治疗，全力保住他的右腿。"同时，他号召全院员工捐款，"希望能减轻一下这对父子的生活压力"。经过医护人员的精心治疗，李明原本面临截肢、破溃不堪的右腿逐渐好转。两个月后，伤口治愈，右腿终于被保住了！

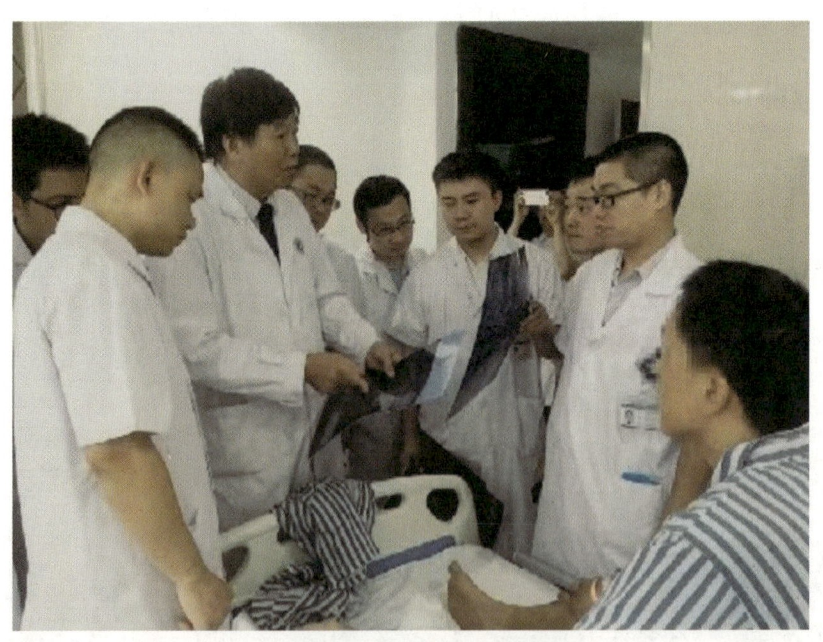

黄东现场传帮带青年专家团队

创伤显微手外科主任李栋到医院比黄东时间长，他目睹了黄东上任后医院发生的变化。他说：“从 2018 年起，医院加快了学科建设的步伐，在手外科的基础上，先后创建了脊柱外科、关节外科、足踝外科、小儿骨科等。在技术层面上，大型手术、复杂的皮瓣手术、多指多平面离断手术、小儿手术越来越多，手术难度越来越大。在黄院长和团队的努力下，医院一直保持着很高的手术成功率。特别是在各种削薄皮瓣修复严重创伤方面做了大量研究，同时紧跟学科发展前沿，在骨感染、慢性骨髓炎、慢创创面和肢体血管疾病方面开展了多种新术式，取得了显著的临床效果，受到省内外同行的高度评价。”

黄东“创”字当头，锐意进取，硕果累累。在广东省第二人民医院，他带出了一个至善精诚的创伤显微外科，一个“广东医院最强科室”，在广州和平骨科医院，他带领医院迈上了新台阶——2019 年 12 月，医院被评为广东社会办医 40 年“特色专科品牌”；2020 年 12 月，当选为“广东省医疗行业协会创伤骨科管理分会主任委员单位”；2021 年 7 月，医院被认定为“中国医师协会显微外科技能培训中心”；同年 11 月，被推选为“广东社会办医骨显微外科联盟主席单位”。

火车跑得快，全靠车头带。无论是当科室主任，还是当医院院长，黄东都是名副其实的“火车头”，无愧于行业“领军者”的美誉，也无愧于“最美退役军医”的光荣称号。

## 作者简介

涂学能，湖北黄冈人，副编审，历任师机关营职干事，军区机关团职干事，总部机关师职干事（参谋）。先后出版《走近女将军》《开国大阅兵》《开国大祭奠》等著作。

# 一个护理人的芳华

段园晖

张　莉

## 主人公小传

张莉，女，主任护师。现任佛山市第一人民医院工会主席。医院护理学科带头人，获国家发明专利 5 项。荣获科技进步奖项 12 项，在国内外期刊发表论文 120 余篇，主编专著 6 部。多次被评为先进科技工作者，荣立两次三等功及抗“非典”三等功。2016 年被评为“全国优秀护理部主任”，2017 年被评为“国家卫健委全国改善医疗服务示范个人”。

她是中共党员，不忘初心，奉献担当；也是军人，退役不退志，退伍不褪色；还是医者，救死扶伤，仁心仁术。她用党性、军魂和医德铸就坚毅品格，书写时代芳华！

她就是广东省“三八红旗手”、广东省“五一劳动奖章”获得者、佛山市最美退役军人张莉。这时，很多人才注意到，身着白衣

的她原来也曾身披戎装，因此也为她的拼搏和钻研找到了注脚。

张莉说，20 年的军旅生涯给了她“服从命令，听从指挥”的忠诚品格，更给了她战胜困难的钢铁般的意志。前后 40 年的护理生涯，军人品质是她的底色，而她正是在这个底色上描绘出了一个护理工作者的人生芳华。

## 一

1980 年，不满 16 岁的张莉高中毕业，一向刻苦用功、成绩优异的她却在当年的高考中以 3 分之差意外落榜。老师把原因归咎于她年龄太小，临场发挥严重失常。父母鼓励她来年再战，一定能金榜题名。但命运永远不会落下一个对未来充满憧憬的人。正当她茫然之际，听闻部队要招女兵，她就跟着几位同学跑去报了名。结果，这个全市成绩第一、身材高挑的女孩被选中，成为众多报名者中的幸运儿。当年 8 月，她背起行囊，从父母工作的甘肃嘉峪关出发，走进了位于陕西宝鸡的解放军第四军医大学空军军医学院，学习护理专业。从此，她成了一名军人，并与护理专业结缘至今。

军校的生活简单而枯燥。每天出操、训练、学习，周而复始，循序渐进，她不仅完成了从地方高中生到军校生的转变，还很好地磨炼了意志。爱学习是她保持了多年的习惯，几乎每天走下操场或是走出教室，转身就去学校图书馆。那时，她阅读的图书还不是护理方面的，而是文学名著。《红与黑》《悲惨世界》《战争与和平》《罪与罚》……她一本接一本地阅读，惜时如金，如饥似渴。“我确实是一个勇敢的学习者。不过，我那时还没有爱上护理，我最爱的是文学，我想将来当作家！”张莉后来说。所以，她无论走到哪里，身上永远都带着重重的书。每次回家探亲，一定会拖着一大箱

子书籍。回到家中，见过父母后，她就躲进自己的小天地里，埋头于书的世界。

作为一名军人，她经过系统的学习训练后，很快就具有了“服从命令，听从指挥”的基本素质。遇到再大的困难，也不能阻止她前行的脚步。一个寒冷的冬天，她回家看望父母，假期结束返回部队时，遇到铁路塌方，火车停运。父母要她跟部队续假，等铁路恢复了再回去。但她急哭了，坚决要按时归队。“哪怕走路，我也要走回去！”她说。父母多方打听，终于联系到一辆大巴。她搭乘大巴穿越上百公里雪山，硬是赶在部队规定的时间——当晚 12 点前回到了部队。

部队是一个锻炼人的地方。忠诚、坚韧、拼搏、奉献，军人具备的这些优秀品德，都深深注入了她的灵魂。

## 二

1982 年，张莉从空军军医学院毕业，被分配到解放军第 473 医院传染科做了一名护士。

护士工作是忙碌辛苦的，每天给病人打针、发药、铺床……但这时，18 岁的张莉内心仍然怀揣着当作家的梦想，依然一有空闲便从袋里掏出文学书来阅读，晚上躺在被窝里也抱着书。不久后，一个病人的出现彻底改变了她的志向。

“我至今还记得，那个病人叫郭映泽。”张莉说，“是个读大四的学生，人长得很帅。他是肝癌晚期了，已经不能手术。他有家族史，母亲乙肝阳性，哥哥患肝癌去世。我当时护理他，他总是用一种求助的眼神看我。药很苦，他总是一口就喝下去。有一次，他竟突然用哀求的声音对我说：‘护士，救救我，我真的想活下去，我

不想死。我很快就大学毕业了，可以赚钱了！’我在他身上看到一个人对生命的渴求。我太希望救他了，但我感觉自己很弱小，很无助，我没有能力帮助他！从他身上我看到了生命的珍贵，看到了医学的任重道远，看到了自己做一名护士是多么重要！”

从此，她坚定地选择一生做一个护理人！她决定报考高级护理。那时，对于一个部队医院的普通护士来说，考进高级护理班几乎是一个遥不可及的梦想。因为，那时兰州空军根本就没有高护班！就算有，也要看成绩，看工作中的表现。功夫不负有心人，张莉经过几年的不懈努力，终于等到了机会。1985 年，她以第一名的成绩，考上了空军军医学院首届护理大专班，成为兰州空军护理工作者中的佼佼者。

从此，她走在了做一个优秀护理人的康庄大道上。在护理大专班，她延续着自己的优异，担任班长和实习组长。1986 年，她又光荣地加入了中国共产党，成为全班第一个党员。毕业时，校长找她谈话，想要她留校当一名老师。这样的机会，对于其他任何人来说都是求之不得的，但张莉思量再三，婉拒了校长。几年前，那个肝癌患者求助的眼神，总是像一道激光不时闪过她的脑海。她要坚定地回到病房，做一名名副其实的护士，去帮助那些渴求生命的病人。

一旦坚定了信念，追求之路就永远不会停止。为了奉献，张莉一直走在护理队伍的最前头。1995 年，她考上解放军第二军医大学社会医学和卫生事业管理专业医学硕士研究生，成为空军该领域首位喝“头啖汤”的人。1997 年，她晋升为副主任护师，次年，担任解放军第 473 医院护理部助理。那时，她还想读第四军医大学的心理学博士学位，并为此做了一年多准备。但想到读博后可能会离开护理岗位，有违做护理人的初心，便忍痛放弃了。

因为，护理始终是她的理想和最爱！

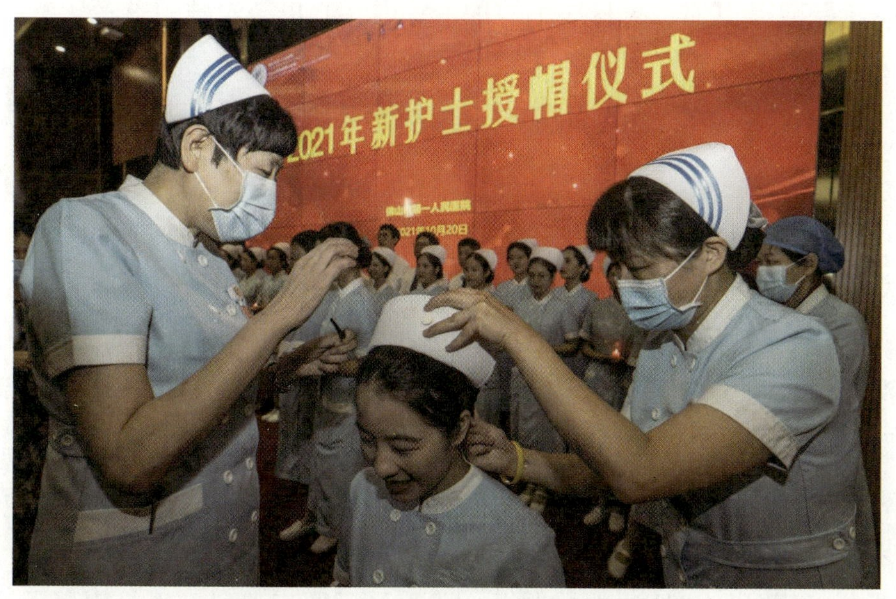


张莉（左一）在给新护士授戴“护士帽”

2000 年，36 岁的张莉退出现役，决定到地方继续她的护理事业。她将目光投向了南方，并将简历投给了被誉为“中国医院现代化建设起点”、正成为全国医院热点的佛山市第一人民医院。院长谭家驹立即对这位卓越的护理人产生了浓厚兴趣。面试时，谭院长只问了她一个问题：“对于一个护理人，什么最重要呢？”张莉心里给出的答案是四个字：人文关怀。但她并没有说出口，而是跟这位第一次见面的院长讲了一个故事：几年前，一个中国代表团去一个发达国家考察，他们在参观一家大型医院时，看到一位身材瘦小的护士艰难地在一个斜坡上推着一张病床，床上躺着一名插了很多管子的重症患者。参观团中有两名年轻人主动上前帮她推病床。但护士却并不高兴地大声说：“请走开吧，这是我的工作。你们没有权利动我的患者！”谭院长听了故事后想了想，然后带着感动的神

色对她说："录用你了。"因为，在院长看来，眼前这个身材高大的护士跟故事里那个身材瘦小的护士一样，心里装着她的患者！

## 三

也许，在有些人看来，护理人要搞科研，有些不切实际，也有难度。可张莉却不这么认为。1984 年，她在做一名传染科护士时听到一个故事：在边境自卫还击战期间，前线的战士成天待在猫耳洞，环境恶劣，空气潮湿，很多战士出现烂裆情况，严重影响了部队战斗力。一位姓沈的教授经过实地考察、深入研究后，研制出了一种不易烂裆的短裤，很好地解决了战士们的问题。后来，这一成果获得全军科技进步奖。"我原以为科研是神圣的、高不可攀的东西。"张莉说，"从沈教授那里，我感受到原来科研并不是深奥无比的，不是只存在于书本中，而是就在我们的生活和工作中。护理工作一样可以搞出大科研！"从此，张莉对科研产生了浓厚的兴趣。1998 年，她负责的科研项目"空降兵跳伞心理应激时神经内分泌反应及心理应激的卫勤保障对策"就获得了解放军第一个"国自然"（国家自然科学基金）面上项目。

张莉来到佛山市第一人民医院工作后，单位安排她先到临床进行熟悉。第一次走进科室，她见到一名正在使用电脑的护士，便问："请问你们护长在吗？"不料，问了几次，护士都没抬头看她一眼。张莉便说："请问，你能不能看我一眼？"哪知护士冷冷地说："你没见我正在干活吗？"这对于初来乍到的张莉来说可谓是一盆冷水。她在心里问：这就是我们护理人的形象吗？护士对同事尚且如此，对患者能好吗？7 个月后，她被任命为护理部副主任，她想要做的第一件事，便是重塑护理人员的形象。经过研究思考，

她主编了《护理人员形象重塑》。她在书中强调，态度是看待周围世界的一种方式，是对自己所处的环境和未来的一种看法，是你所选择的一种工作、生活方式。她为树立护理人良好形象提供了“五把金钥匙”：第一，塑造最佳的护士形象，显示护士良好的精神风貌；第二，运用护理人特有的形体语言表达对就诊者的关爱；第三，掌握说话的技巧；第四，掌握打电话的技巧；第五，保持饱满的状态。该书成为医院护理的一项重大成果，在全国公开发行，并先后四次再版，成为全国各大医院推动优质护理的参考书，至今仍在指导护理实践。

事实上，自从当年受到教授研究烂裆的启发后，张莉就在科研之路上大步行走，先后发表论文 120 余篇，获国家发明专利 5 项，荣获科技进步奖项 12 项，主持或参与市级以上课题 10 余项。特别是 2013 年主研的“专科护士（APN）高级护理实践（技术）创新及模式”项目获得佛山市科技进步一等奖。护理科研获科技进步

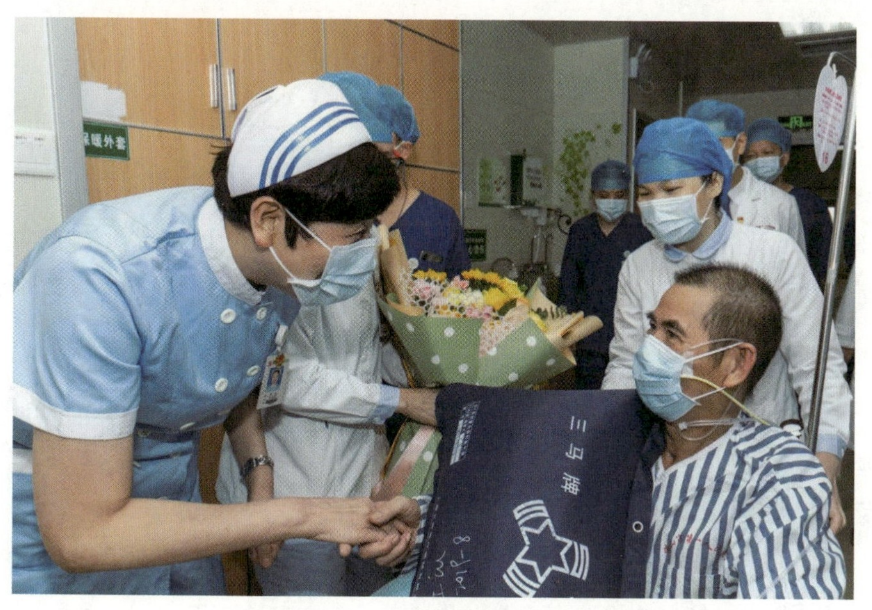


张莉（左一）关爱患者如亲人

一等奖，在佛山历史上是第一次，在广东的护理工作史上也是少见的。

敢闯敢干的精神、不一般的奋斗经历，自然会引起人们关注。2002年，她担任护理部主任。没多久，正当意气风发的张莉忙于要将医院护理工作推上新台阶时，有一天，她突然接到一个电话："张莉你好，我是省厅的彭刚艺，你是全省第一个护理研究生，做得很不错嘛。"张莉于谦逊、恭敬之中，却听到对方说："你能和我一起工作吗？"事后才知道，给她打电话的人是广东省卫生厅主管护理工作的彭刚艺处长。没多久，广东省医院协会医院护理管理分会成立，张莉当选第一届副主任委员，而且还是广州市之外的唯一当选者。从此，她进入了广东省护理的核心团队，紧跟广东省护理事业一起成长。同时，她把佛山的护理事业带到了一个新的高度，实现了护理事业新飞跃。

目前，张莉是广东省护理教育中心主任委员。

## 四

"我听不懂粤语，我很害怕，你们不要离开我！"

2020年4月的一天，在感染科负压病房，64岁的新冠患者林阿姨见到几个穿着防护服的人走进房间，急切地大声说。一名护士闻声连忙上前去安慰老人。接着，又有另一名个子高高的人走过来，坐在她床边，紧紧握住她的手说："阿姨，您放松，不要紧张，不要害怕。我们的主任、医生和护士都在这里陪着您，大家都为您鼓劲呢。您很快就会康复出院的！"

阿姨手上感到了温暖，从护目镜后看到了对方坚毅、明亮的目光，心里顿时安定了许多。"谢谢你！"

多天后，阿姨康复出院时，突然跟陪护她的护士姑娘说，真想看一眼刚住院时，穿着防护服坐在床边双手紧紧握着她的手，不停地安慰她的那个人。“就是那个子高高的，讲普通话的。”林阿姨对护士说，“她声音好听，说话有力，眼里有神，给了我很大的力量！”

护士马上知道那个人是谁了，因为出院时想见这个人的不只林阿姨一个。没错，老人家要见的那个人，正是医院护理学科带头人——护理部主任张莉。

事实上，在抗击新冠疫情的过程中，她几乎每天都在护士身边，陪在病人身边，给他们以力量和信心。几十年来，对于护理人张莉来说，无论在临床一线，还是在管理岗位上，紧紧抓住病人的手，给他们温暖，给他们安慰，给他们力量，是天天都在发生的事。她也许离开临床，但从未离开过病人。

不过，这位经常紧紧抓住病人的手传递温暖的护理人，在家中竟是孩子心目中的“甩手妈妈”。2000 年 10 月，她带着读四年级的儿子来到佛山。自己在单位报到后，立马张罗给儿子找学校读书。但全部小学都已开学，找个学位并不容易。本来就反感半路离开出生地的儿子，更是恨得“咬牙切齿”，哭闹着不肯来佛山。她几经求助，终于在好心同事的帮助下谋到一个学位，让儿子如愿读上了书。谁知才读了两天，儿子回来写了四个字，“啪”地一声拍在她面前：“我要转学！”原来，儿子先前的学校三年级才学英语，而佛山的小学一年级就学英语了，他根本跟不上。同时，儿子还哭丧着脸说出另外一个委曲：“这里的人都不穿袜子，全班就他一个人穿袜子，好尴尬！”妈妈只好耐心地安慰儿子，他们来到新地方，一定要尽快适应这里的一切，并相信他的英语一定能追上去。儿子从小就有独立性，而且学习能力强。果然，在她的安慰和激励下，半年后儿子的英语成绩就追上去了。

张莉（右三）参加佛山市 2020 年“最美退役军人”“最美军嫂”推荐宣传活动

虽是到新地方，这个“甩手妈妈”竟没有像别的妈妈一样天天接送儿子上下学，而是让他自己搭公交车。这些年，从小学读到高中，她只接过儿子一次。那时，儿子读初一，前两天刚买了新单车。早晨，他快活地一路吹着口哨，踩着单车上学去了。看到儿子开开心心的样子，她心里特别高兴。可谁料，早晨刚到医院上班没多久，就接到儿子的电话。电话里，儿子的声音听起来很害怕，说在上学路上新单车被校外两个小青年明目张胆地抢走了。她问的第一句话是“你人没事吧”。在确认孩子安全之后，她给了儿子很多安慰，说单车没了没关系，人没事就好，并答应给他再买新的，而且下午放学去接他。下午接到儿子时，儿子垂头丧气，全没了平日神采飞扬的样子。这时，她幽默地说：“你看，你还要感谢那两个小青年呢，这次妈妈终于来接你了！”

后来，读完初中读高中，“甩手妈妈”再没接送过儿子。母子之间似乎已有某种默契，儿子独立，妈妈很忙，互相理解。高考完

后，她竟也没有出现在校门口！别的同学都是家长开车接回，而她儿子却是形单影只地拖在最后，将所有书籍和用品打包驮在单车上，慢慢推车回来。回到家后，儿子委屈，阴沉着脸，一句话不说。她见状便问儿子怎么啦，儿子问为什么不去接他，而她却说："需要吗？"这时，平时性格低调、稳重的儿子突然背过身去，山洪暴发似的大声说："需——要！"

这一次，张莉从内心感到了愧疚。自己陪伴儿子的时间太少太少，但她坚信，随着儿子的长大成人，这份对生命的尊重和坚守，终会得到儿子的谅解和认同，也同样会激励他一路先行。

对此，骨子里仍流淌着军人血液的张莉的解释是："要奋斗，总会有牺牲。要奉献，总会有付出。"

但上天终究不会亏待一个辛勤付出的人。她的儿子考上名校，毕业后就职于某外资咨询公司，现在又进入大型企业工作，可谓前途无量。

张莉，她是护理人，一生都是一名护理人，守护患者是她的天职；她是党员，不忘初心，奉献担当；她是军人，退役不退志，退伍不褪色。她用党性、军魂和医德铸就坚毅品格，奉献了最美的时代芳华。

## 作者简介

段园晖，湖南冷水江人，现在佛山市第一人民医院工作。广东省作家协会会员，佛山市禅城区作家协会副主席。已出版小说集《天子地》《遗忘》。创作微电影《脚印》《传递》《链》《布姆》等，获中共中央组织部电教片三等奖等10余个奖项。

# 召　唤

左林红

楚勤英

楚勤英，副主任医师，解放军军医进修学院研究生毕业，曾在解放军总医院第四医学中心临床一线工作30年。任北京市骨矿盐及骨质疏松医学专业委员会委员、中国老年学和老年医学学会骨质疏松分会骨内科学专业委员会常务委员、北京医学事故鉴定专家。先后担任9·3大阅兵、国家科技奖励大会、八一勋章授勋大会、国家“两会”、五一劳动奖章大会等多项重大活动的医疗保障任务。荣立个人三等功一次，被解放军总医院评为优秀共产党员、优秀医师等。在核心期刊发表论文30余篇，参与全军及解放军总医院304临床部科研课题3项，先后获军队医疗成果奖三等奖1项、医院医疗成果奖三等奖3项。

一场突如其来的新冠肺炎疫情降临武汉，来势汹汹，形势严峻。2020 年 1 月 23 日，武汉被迫摁下“暂停键”。这座千万人口的大城市，头一回不见车水马龙、熙攘人群，只有空荡荡的街巷、呼啸而过的风声。

除夕夜，人民解放军闻令而动，450 名首批医疗队队员搭乘军用运输机飞赴武汉，与疫情展开生死抗争。远在南国中山市的楚勤英医生为武汉的疫情感到揪心的痛。作为一名退役军医，她为逆行而上、冲锋在前的人民军医而感到骄傲，同时也为自己没能成为抗疫军中的一员而感到忐忑不安。

楚医生的爱人在中山军分区任职，夫妻两地分居 18 年。武汉疫情暴发的前几天，她带着女儿和父母从首都北京千里迢迢来到中山市，与爱人团聚，打算过一个团圆春节。

中山市地处珠江三角洲南部，风光幽美，钟灵毓秀，是“国家园林城市”，被联合国授予“人类居住环境最佳范例奖”。楚医生早就闻其美名，尽管爱人在这里工作多年，但她却一直未能领略其美景。“军医”岗位，职责所系，让她像拧紧发条的时钟，每天都在“嘀嘀嗒嗒”地往前赶，把生命之火燃烧在救死扶伤的路上，一刻也不得闲。

楚医生是一位秀外慧中、温柔婉约的知识型女性。1991 年从地方医学院校毕业，特招入伍来到第二炮兵（现火箭军）驻西北的一个部队。到部队后不久，单位派她到北京的大医院学习。经过几个月的学习培训，她的业务水平大幅度提升。北京的医院向她伸出了橄榄枝，将她留在了解放军 304 医院（现解放军总医院第四医学中心）工作。一晃 20 多年过去了，她已成长为治疗老年病及内分泌疾病的专家。

那些年，楚医生全身心扑在工作上，又与爱人两地分居，实在

是无力照看女儿。她就把父母从外地接到北京帮她带小孩。这一带就是 20 年。女儿从呀呀学语的孩童到如今桃李年华，见证了外公外婆从满头青丝到双鬓花白的付出。作为女儿的楚医生对老人深感愧疚。一日穿上军装，终身为军操劳。自己“献了青春献终身”，这是使命使然。那两位老人呢？总不能“献了终身献老人”吧？她跟爱人商量，让两位老人不仅老有所养，也要老有所乐。

机会终于来了。

2017 年 8 月，楚医生决定退出现役，自主择业。如果说，当年响应祖国召唤，投笔从戎，把青春和热血献给了神圣的国防医学事业，忠诚竭力，无悔无怨，那么，现在退出现役，同样是响应国家号召，服从军改大局的需要。12 月下旬，她办完退役离职手续，准备回归家庭，陪伴家人。

伴随着无以言状的心情，楚医生度过了退役后的第一个元旦假日。听惯了上下班的号声，一旦这号声远离而去，心里就觉得空荡荡的。她想，先带女儿和父母去中山度个假，然后再好好筹划一下之后的生活。没想到，节后第二天，家里的电话就响了起来：“楚主任吗，单位接到了国家科技奖励大会的医疗保障任务，你能不能归队参加？”电话是医院领导打来的，她想都没想就答应了。

仿佛听到冲锋号声，楚医生顿时感到热血沸腾。她给父母简单交代了几句，就疾步前往刚刚准备离开的“战位”。走在营区的林荫道上，她脑海里不由地闪现出一组当年参加国家重大活动时的画面和画外音：“我是一名军人，服从命令是天职，若有战，召必回，战必胜，是军人的职责和使命。”脚下的步子走得更加自信而坚定。

一年一度的国家科学技术奖励大会，都是在次年的元旦后召开。与会的科学家都是国家栋梁，有的堪称“国宝”。他们大都年

事已高，体弱多病，需要有医生驻会保障，以确保安全。此项任务，一般都由军队医疗单位承担。楚医生先前已 3 次——分别于 2012 年、2013 年、2014 年参加奖励大会的医疗保障，工作流程轻车熟路，保障内容了然于胸。也许正是这个原因，让院领导要她回来“扛大梁”。

2017 年度国家科学技术奖励大会，于 2018 年 1 月 8 日上午在北京人民大会堂隆重举行，271 个项目和 9 名科学家分享 2017 年度国家科学技术奖。楚医生先后 4 次保障国家科学技术奖励大会，亲眼看见了郑哲敏、王小谟、张存浩、程开甲、于敏、王泽山、侯云德等 7 人荣获“国家最高科学技术奖”，不仅圆满完成了驻会医疗保障任务，还从这些科学家身上汲取了“热爱祖国、无私奉献、创新开拓、团结协作”的精神营养，增添了她“奉献社会、服务人民”的精神动力。

既然停下的脚步又迈开了，那就再也停不下来了。楚医生转业不转岗，医院让她发挥专家的“酵母”作用，搞好传帮带。她又一次听从了党的召唤，向科学家学习，放下个人的“小算盘”，为国防医学事业继续奉献光和热。

一位糖尿病患者，因血糖控制不理想，视力下降，意识淡漠，双足多处破溃创面很长时间不能愈合，病情危重。家人把患者送到医院，患者被诊断为糖尿病酮酸性中毒。情况紧急，楚主任指挥团队当即展开抢救——吸氧、心电监护、建立静脉通道、泵入胰岛素。同时，进行相关检查，监测患者血糖及意识变化，大家忙碌了一个通宵，终于让患者转危为安。患者家属硬塞给她一万元表示谢意，她把钱转入患者的账户。

“联勤军医老区行”专家医疗队到沧州革命老区进行义诊活动，楚医生再次被列入专家医疗队名单，参加为期 1 周的老区义

诊。医疗队走访了沧州市荣军养老院，参观了白求恩纪念馆及马本斋纪念馆。之后，医疗队在白求恩手术旧址——沧州卧佛塘镇屯庄村及献县本斋村，开展了为老区群众义诊活动。作为老年病和内分泌专业的专家，楚医生热情接待每一位前来就诊的群众，耐心细致地解答困扰他们的每一个难题。

转眼工夫，楚医生自主择业两年了。虽然退出了现役，但并没有离开医院单位，每天忙忙碌碌，不是在医院临床一线忙碌，就是出诊、会诊，或是外出义诊。眼看着女儿大学毕业了，两位老人也衰老了许多，身体状况越来越差，出现了许多病症。她想，真的要退了，该让老人放松放松了。两年前，全家南下中山过春节的议题又提上了日程。医院“放行”了，行李准备顺利，楚医生带着女儿和父母，在2020年春节到来的前几天来到了中山市。

中山市的春节氛围给了楚医生全家不一样的感受。作为粤港澳大湾区重要节点城市，中山市民间艺术十分丰富，有特色民歌、舞

楚勤英（左二）参加“联勤军医老区行”专家医疗队留影

龙狮鹤凤等，比北京新春佳节多了一些乡土气息。表面上整天陪伴着家人，谈笑风生，实际上，她的心在武汉、在北京。新冠肺炎疫情肆意蔓延，抗疫战斗艰苦卓绝，她哪有心情在中山过春节！

农历正月初二早上，单位领导从北京打来了电话："楚主任，武汉出现新冠疫情，医院要组建医疗队，支援武汉。希望你尽快归队，加入首批医疗队，初七上午准点上班。"她没有丝毫犹豫，直接向领导表态："坚决服从命令，听从医院的安排。"

作为一名有着近30年军龄的老兵，深知此刻的电话意味着什么。"若有战，召必回，战必胜"，这就是一名新时代军人的使命与职责；作为一名有着30年党龄的共产党员，她更知道关键时刻服从大局，挺身而出，这是一名共产党人的政治本色；作为一名医生，她更懂得什么叫责无旁贷、什么是义不容辞，不管有没有脱下军装，都不能够忘记自己是一名医生。她当即决定放弃休假，放弃与家人的节日团聚，立刻起程返回北京。

楚医生的决定再次得到了全家人的理解与支持。她当即订票，初六晚上，带着女儿和父母从中山急匆匆赶回了北京。初七早上8时，她准时回到了工作岗位上，及时向领导汇报了自己的情况，并主动请缨，向组织表态："愿意随时听候组织的召唤，到最需要医生的地方去，到一线战场上去。"

那段时间，新冠肺炎疫情牵动着全国人民的心。短短数日，滚动播出的新闻与不断上涨的病例数量，让她感到揪心和不安，看着一批批医护人员赶往武汉，一个个逆行者砥砺前行的画面，她不禁泪眼婆娑。这个时候的武汉已经成为全国的焦点、抗击疫情的主战场，她渴望自己能够加入奔赴前线的大军，为那里的患者减轻痛苦做一些贡献。

医院驰援武汉医疗队的名单出炉了，楚医生被列入首批医疗队

成员。她不仅是她们科室唯一参加医疗队的医生，而且还是唯一的已经退出现役的军医。她的心情异常激动。作为一名专家医生，她清楚地知道这次的疫情比想象中的还要严重，她也明白直接接触新冠患者的危险性。但是，面对传染性极强的新冠，她没有退缩，也不能退缩。任务艰巨，使命光荣。如果真的被感染了，即使倒下了，她的信念也不会“倒”，不忘初心，牢记使命，逆行而上，她将永不言弃，无所畏惧。她参加了医院临战前的各项培训工作，收拾好出行的各种用品及行囊，随时准备集结，奔赴战场。

楚医生回到家里，将准备出征武汉的安排告诉了家人。尽管她尽量语调平稳，把这次的出门当作一次普通的出差，说得轻描淡写，但还是看得出来家人的焦虑和担心。她不知道该说什么，因为说多了怕情绪失控。

其实，在从军、从医的这些年里，她已不是第一次参加全国全军重大活动的保健任务，特别是 2015 年参加 9·3 大阅兵活动时，

楚勤英（左三）保障 9·3 大阅兵老兵方队留影

她的身体出现了状况，怀疑是乳腺癌。但她作为一名军人，不想让自己的军旅生涯留下遗憾，依然坚持参加了阅兵保健任务。为了阅兵的顺利进行，她提前35天在阅兵场参加艰苦训练。一方面为参加阅兵的老革命、老战士做身体的检查保健治疗，另一方面接受自身体能训练，每天的高强度训练让她疲惫不堪。35天阅兵训练，炎炎烈日烘烤，忍受力达到了极限，她硬是咬紧牙关挺了过来，最后圆满完成了任务，受到了阅兵指挥部的嘉奖。

后来，女儿问她："妈妈，你当时病了就要做手术了，为什么还要去参加阅兵训练呢？"她说："我是一名军人，服从命令是我的天职；我是一名共产党员，就应该听从党的召唤，冲锋在前。当然，我这也是在给你树立一个标杆，希望你今后遇到国家需要你的时候，也能够挺身而出。"耳濡目染，言传身教，女儿很快成长起来。2019年70周年国庆大阅兵，女儿主动报名参加，幸运入选大学生方阵，全程参加了国庆阅兵活动，同样受到学校的表彰。

在待命出发去武汉的日子里，楚医生的内心倍感煎熬，一方面是希望早日出发奔赴抗疫战场一线，另一方面也希望战事早些结束，疫情烟消云散。那些天，每当夜深人静的时候，她总是无法入眠，闭上眼脑海里就会想到许多人在面临着生死离别的痛苦，就会想到那些将自身安危置之度外地冲在一线的医护人员。"哪有什么岁月静好，无非是有人在替你负重前行罢了。"此时的她，对这句话有了更深、更真切的体会。

也就是在等待的这段时间里，前方传来了好消息，全国上下众志成城，万众一心，采取各种"硬核"措施，及时防止了疫情扩散蔓延，以责任和担当筑起了疫情防控堤坝，来势汹汹的新冠肺炎疫情终于得到了有效遏制。

好消息总是让人欢欣鼓舞。楚医生虽然没有实现自己的心愿，

冲到抗疫一线救死扶伤，或许留下了一丝丝遗憾，但她不后悔自己的选择。朗朗乾坤，晴空丽日，不正是我们为之向往、为之追求的吗？

如今，楚医生把生活重心从北国移到了南方。虽然与中山市亲密接触的时间不长，但她已经喜欢上了这座充满诗意的城市，喜欢中山的葱绿，喜欢城市质朴的气质，喜欢走在路上风里流动着的音乐。

一次，楚医生偶遇中山火炬开发区医院的陈华书记。陈书记告诉她，火炬开发区是国家慢性病综合防控示范区，是粤港澳大湾区科技创新引领示范区，前景广阔。高科技产业生机勃勃，医疗卫生事业也在趁势而上。开发区医院已更名为开发区人民医院，新创办了“特诊中心”，正在招贤纳士，急需心血管内科、内分泌科、神经内科、骨质疏松科等学科的专业人才。

这，正是楚医生的专长呀！

楚医生欣然接受了医院聘请，再踏征程……

目前，火炬开发区人民医院“特诊中心”正式运转起来了。一流的专家团队、舒适的就医环境、优质的医疗服务，必将成为火炬开发区创新服务的新窗口，粤港澳大湾区医疗事业的新亮点。写到这里，一首小诗从我的笔下流淌而出——

新冠毒烟遮蔽了蓝天
共和国迎来严峻考验
疫情就是命令
生命重于泰山
人民军医闻风而动
逆行者冲锋在前

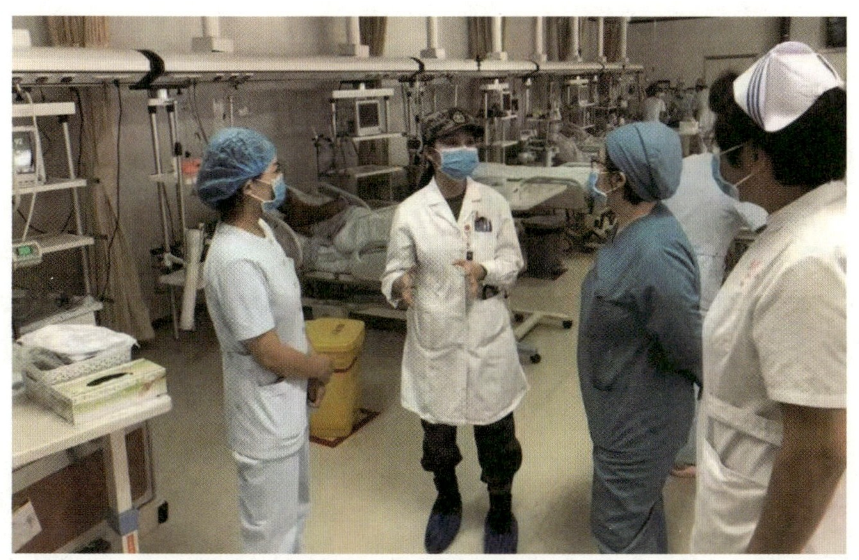

楚勤英检查病房准备情况

用坚如磐石的双肩
践行着救死扶伤的誓言
扶危渡厄是仁者的担当
迎战疫情是使命在召唤
若有战，召必回，战必胜
用青春和热血筑起坚固的防线
你是万里长城的一块砖
安居乐业是我们共同的企盼
疫情的阴霾终将散去
奋斗者的脚步永远向前
你重整行装再出发
奉献余热在中山
大湾区医疗事业有你们
“健康中国”开新篇

高擎起燃烧的“火炬”
将会是一个灿烂的明天

## 作者简介

左林红，女，网络文学作家，已发表《我的男友是外星人》等作品。

# 医学疆场征战记

王怀东

牛立志

## 主人公小传

牛立志，医学博士，主任医师，博士生导师。现任广州复大肿瘤医院院长、复大国际冷冻治疗中心和纳米刀治疗中心首席专家，是第22届国际冷冻治疗学会副主席、亚洲冷冻治疗学会副主席。发表论文300多篇，其中SCI 81篇。参与编著医学专著20多部，其中任主编3部；参与科研基金项目共25项。先后被评为“白求恩式好医生”、暨南大学首届优秀医院院长、广东省卫健委直属机关优秀共产党员、“海珠区创新创业高级人才”。2017年6月被广东省文明办、广东省卫生计生委、广东省卫生系统政研会评为首届“广东好医生”，2012年4月当选“广州市劳动模范”，2013年12月被广东省医院协会评为“天晴杯”广东医院优秀院长。

广州复大肿瘤医院的牛立志院长做手术有特色。他很少像其他外科专家那样，一群人围着手术台，无影灯下，气氛凝固，各种手术器械传过来递过去。他常常在影像科的CT室里，握着患者的手，一边与患者轻松地交谈，一边盯着显示屏，指挥助手按照预先设定的部位和路径，将几根长长的针准确地插入患者的胸腔或腹腔，直至肿瘤部位。他高高的个儿，笔挺的身材，穿着手术服更显出一股英气。透过他架在鼻梁上的眼镜，可以看到他眼中的沉稳和自信，这也让手术中的患者对他充满了信任。

牛院长在手术中通常用两种"刀"，一种叫"氩氦刀"，另一种叫"纳米刀"。这两种"刀"，说是刀却不像刀，但都是用来对付肿瘤的。"氩氦刀"是用氩气将肿瘤在体内速冻成冰球后，再用氦气溶化掉，专业上称为冷冻消融。"纳米刀"是将肿瘤在体内准确电击摧毁，而又不损伤周围的组织和血管，专业上称作不可逆电穿孔。总而言之，就是不用动真刀，把肿瘤消灭在体内。

20年前，牛立志博士从第一军医大学南方医院胸心外科转业，脱下军装后一头扑进"氩氦刀"肿瘤治疗的实践与研究中。当时，这种技术设备刚刚引入中国，相对于手术切除、化疗、放疗这些传统的肿瘤治疗方法来说，肿瘤消融疗法"不入流"，国内大医院是"不屑一顾"的。20年光阴转瞬即逝，牛院长在肿瘤消融治疗领域硕果累累。他现在是国际冷冻治疗学会副主席，暨南大学医学院教授、博士生导师。他的"氩氦刀""纳米刀"手术案例数量堪称世界第一，他结合手术实践撰写的数百篇论文，刊登在国际、国内顶级医学期刊上。当今，肿瘤消融治疗与手术切除、化疗、放疗并驾齐驱列入NCCN肿瘤治疗指南，这里面蕴含着牛立志院长的贡献。

不久前，一位86岁的老人专程从武汉到广州做肿瘤冷冻消融治疗。手术时，牛院长与老人聊天，得知他是抗美援朝老兵，曾是

空军飞行员。牛院长亲切地对老人说，他曾经是军医，穿了19年军装，而且有6年时间算是空军。军旅生涯的话题一打开，气氛顿时轻松，不知不觉中，手术就做完了。

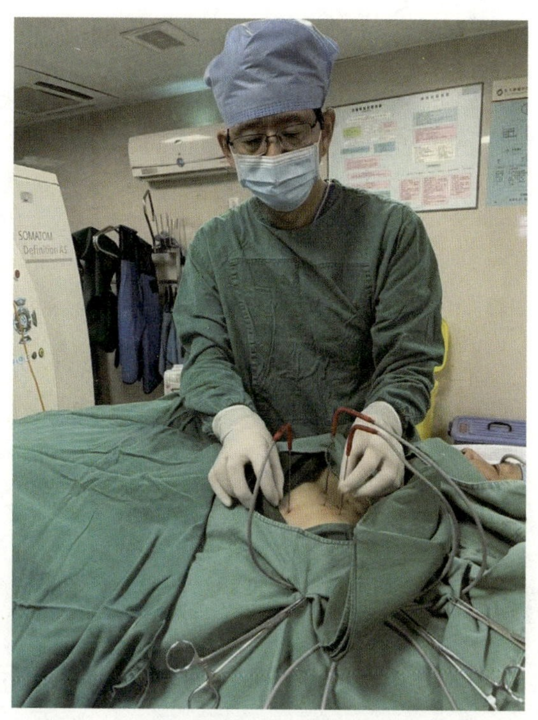

牛立志在给患者做手术

1983年，古都西安。那年的高考，让牛立志圆了两个梦，一个是大学梦，一个是当兵梦。他当年应届毕业，凭他的分数，可以报考清华、北大。他毅然决然地报考了解放军第四军医大学。军医大学的医学专业是6年制，牛立志被空医系录取。这意味着他毕业后将会去空军部队做军医。他在军医大学期间穿着空军军服。当时的空军军服与陆军军服的唯一区别是，空军穿蓝裤子，而陆军军服则是一身军绿色。

穿上军装就是军人。新兵训练，是从老百姓转变为军人的必修课，军医大学的学生也不例外。牛立志清楚记得，他一入校就在华山脚下的415团接受了3个月的新兵训练，摸爬滚打样样不缺。班长是一位参加过对越自卫还击战的老兵，对他们这群学生兵要求非常严格。

在军医大学读书，既是大学生，也是军人；既要上专业课，又要每天出操。牛立志回忆说，读军医大学不用交学费，还和战士一

样领津贴。学员的军装是干部服，四个口袋，很让人骄傲。而在学校勤务岗位上的战士们与他们年龄相仿，却穿着两个口袋的军服。队长和教员经常教育优越感十足的学生兵要尊重战士，尊重战士的岗位职责。在严格的军事化管理下，牛立志读完了 6 年的医学课程。刻苦顽强的军人作风，不仅融入了他的大学生活，也影响了他后来的职业生涯。牛立志记得，在学校看电影时，他时常两只手不停地在前排的椅背上练习手术缝合后的打结。作为空医系的学生，他还多次到空军部队参加飞行体验。最后一年的实习，他被安排在沈阳军区空军医院，跟着老师管患者，动手术，最终以优异的成绩毕业，成为一名合格的军医。

本以为毕业后会去空军医院工作，或者被分配去空军的场站当医生。结果是，牛立志被留校了。他被分配到第四军医大学第一附属医院的胸外科工作。这个胸外科当时在全国是响当当地有名，它是由我国著名的心血管外科学专家苏鸿熙教授创办的。

心脏手术是最尖端的手术。牛立志到了胸外科后深有体会的是，外科医生除了解剖学知识外，手上技巧十分重要。特别是手术时，患者的心脏在不停地跳动，医生的手丝毫不能抖动，缝针时必须准确无误，一针到位。那段时期，他记得自己手上几乎永远都拿着一把血管钳，即使是看电视时，也不忘练习，对自己的要求近乎严苛。在胸外科的医生岗位上工作两年后，1991 年开始，他又攻读本校的硕士、博士研究生，直至 1996 年获得博士学位。牛立志回忆说，当医生锻炼最大的是担任住院总医生，24 小时住在医院里，每周只休息一天。当年的预警、监测设备落后，经常需要睡在刚接受过心脏手术的危重病人身边，以便随时抢救。多年以来，这已经成了他的习惯，直到现在，除了外出开会、讲课，他一年到头几乎从早到晚待在医院里，不是查房就是会诊、手术。

博士毕业后不久，牛立志随本科室的一位主任一起，调到了第一军医大学南方医院胸心外科。牛立志离开了生于斯长于斯的古都西安，来到洋溢着改革开放气息的花城广州。他在第一军医大学南方医院一待又是 6 年，在此期间除心脏手术外，做得更多的是肺癌手术。至此，牛立志职业生涯的序曲已经完成，迎接他的是一个崭新的篇章。

工作中的牛立志

时间来到 2002 年。当时，军队面临新一轮的改革，第一军医大学正酝酿转归地方。部队鼓励干部脱下军装，自主择业。是跟随学校和医院一起转归地方，还是寻求更广阔的天地，牛立志内心在思索，在纠结。

正在这时，有两个人来找牛立志，他们都与第一军医大学有关。一位是国内著名消化科专家和肿瘤治疗专家徐克成教授，他曾在第一军医大学做兼职教授，著述甚多，刚从深圳蛇口联合医院副院长的位置上退休。还有一位是左建生医生，硕士毕业于第一军医大学，师从著名消化内科专家周殿元教授。20 世纪 90 年代初，左建生去美国参加了一次学术会议，回国后即着手申请呼吸试验检测幽门螺杆菌技术专利，并在安徽开办了设备工厂，其设备后来在全国各家医院和体检中心遍地开花。他既是一位医生，又是一位企业家。他俩正在筹办一家肿瘤医院，计划引进最新的肿瘤冷冻治疗技术，在肿瘤传统治疗方法的

基础上，另辟蹊径。牛立志听懂了徐克成和左建生的想法。这项技术当时在美国也刚获批，主要用于治疗前列腺癌，如果有他这样一位外科专家加盟，应用这一项技术治疗肿瘤的前景会更加广阔。

牛立志知道，对于一般部位的冷冻消融治疗，介入科的医生，甚至影像科的医生、内科的医生都可以操作。他作为一名胸心外科医生，必须要面对更为复杂的病例，要挖掘冷冻消融治疗肿瘤的更大潜力。正如科幻作家刘慈欣的《三体》所描述的，高端技术群体进入低端技术群体领域，会形成碾压式的"降维打击"。他的加盟，肩负着"降维打击"的历史使命，必须要登上学术的制高点。

一个学术型的医疗创业团队自此启航了。

万事开头难。肿瘤医院刚开办时，患者寥寥无几。只有一些在其他医院用尽了传统治疗方法，仍然看不到希望的患者，抱着试一试的心态来找他们。一个 6 岁的小男孩脖子上长了一个硕大的肿瘤，没有医院愿意收治，《羊城晚报》专门发文《谁愿为铭仔切除巨瘤？》为其呼吁，徐克成与牛立志一商量，接下了这个挑战；一位非常罕见的心包血管肉瘤患者在北京做完手术后复发，找上门来；18 年前，一位肝癌晚期患者，牛立志为其做了冷冻治疗，最近还在找牛院长复诊；徐克成教授参加广东省组织的专家义诊活动，见到一位年轻的"大肚婆"徘徊在湛江人民医院门口，诊断后确认是患了巨大卵巢肿瘤，当地医院都不愿收治，便把她带了回来。还有，马来西亚的"象面人"、眼部巨大纤维瘤少女等，各种罕见肿瘤患者不胜枚举。对牛立志来说，这些病例都是极大的挑战，但是成功的治疗也成就了他的事业。

边治疗边攻关，边总结边探讨，一篇篇有关冷冻消融的学术论文发表在国际、国内专业期刊上。2007 年，徐克成与牛立志合著的《肿瘤冷冻治疗学》一书出版。

2008年，一位名叫 Gurli Gregersen 的丹麦女士，被诊断出胰腺癌伴肝转移，当地医生告知她存活期不超过6个月。她决心与命运抗争，在网上查找资料，看到中国有家医院用冷冻消融方法治疗癌症，于是，她与丈夫商量，卖掉位于哥本哈根市中心的大房子，换成一套小房子，腾出一笔钱飞到了广州。奇迹发生了，她的胰腺癌经过牛立志博士的冷冻消融治疗后痊愈了。一位湖南湘雅医科大学的教授、博士生导师看了牛立志博士冷冻治疗胰腺癌的影像资料后，十分惊叹。他说，冷冻针居然能够穿过其他脏器插入胰腺，太不可思议了，真是艺高人胆大。

10年前的一天，徐克成教授正在北京出差，接到电话通知，时任国家卫生部部长陈竺请他去其办公室见面。陈竺部长对徐克成教授说，在参加 WHO（世界卫生组织）会议时，印度尼西亚卫生部部长恩当博士告诉他，自己曾在中国的医院治病。恩当部长说到广州复大肿瘤医院的名字时，陈竺部长说从未听说过，便让秘书查了一下，竟然是一家名不见经传的民营医院。恩当部长是美国哈佛大学毕业的医学博士，查出癌症后，与医疗团队查阅了大量医学文

牛立志参加全国性学术会议

献，最后决定到广州接受徐克成、牛立志医疗团队的治疗。恩当部长多次利用周末时间飞到广州，牛立志博士给她做完冷冻手术后，她就飞回国继续工作。

此后，有 100 多个国家的肿瘤患者到广州复大肿瘤医院接受冷冻消融治疗。在冷冻消融的基础上，牛立志又探讨了新技术“纳米刀”肿瘤消融，并发表了多篇相关论文，还曾作为特聘专家参加了解放军 301 医院举办的研讨会。在荷兰阿姆斯特丹举办的一次世界肺癌大会上，牛立志博士被特邀大会发言。这让一些同行的国内大医院专家们羡慕不已。之后，国内许多三甲医院都陆续派人来向牛立志院长学习“氩氦刀”“纳米刀”肿瘤消融技术。中国医师协会举办了 48 期肿瘤消融培训班，其中有 10 期邀请了牛立志院长去讲课。至今，他在肿瘤消融领域培训了上千名医生。

牛立志作为军医出身，征战医学疆场近 40 年，转业后的“降维打击”无疑是成功的。他现在身上的荣誉很多，头上的光环也很多。但是，他最感恩的还是部队对他的培养。牛立志院长说自己是幸运的，他转业时赶上了好政策。部队对自主择业的干部，按现役军官相同级别发放 80% 工资，终身保留待遇。他认为自己拿着部队副团职干部的钱，就是部队的人，一辈子都是一名军医。

## 作者简介

王怀东，军旅生涯 21 年。转业后，曾任深圳《蛇口消息报》编辑、记者，广州复大肿瘤医院董事长等。

# 牙好，生活才好！

曹凤婷

邵龙泉

## 主人公小传

邵龙泉，辽宁沈阳人，主任医师，二级教授，博士生导师，博士后合作导师，国家百千万人才工程国家级人选，国家有突出贡献中青年专家，享受国务院政府特殊津贴专家，广东省高等学校“千百十工程”省级培养人才。先后被评为“羊城好医生”“岭南名医”“胡润—平安中国好医生”“广东医院最强科室之实力中青年医生”。担任《口腔疾病防治》主编、《口腔颌面修复学杂志》副主编。

邵龙泉教授从事口腔临床工作迄今已有27年。他坚信“临床没有科研走不远，科研没有临床走不好”，因而在临床和科研上都做出了突出成绩。

临床上，他是主任医师，从事口腔修复学专业中的镶牙、种牙和牙齿美容工作。近5年接诊门诊近万人次，主刀手术6000余台。

科研上，他是博士后导师，广州市“青年科技人员托举工程”导师，入选全球顶尖前十万名科学家排行榜；获广东省科技进步奖二等奖1项、中国整形美容协会科学技术奖创新奖1项、广东医学科技奖二等奖1项；主持国家“十三五”重点专项课题1项、国家自然科学基金项目7项；获得国家发明专利、实用新型专利23项；等等。

## 一

邵龙泉的从医之路是从“患者”开始的。“我上初中时深受四环素牙的痛苦，高一还磕掉了半颗牙，给牙医的妙手修复好了。那时，我就觉得牙医特别伟大，能切实解决患者的痛苦。因此，高考时我选择报考口腔医学专业。”邵龙泉如是说。

邵龙泉在颁奖大会上留影

1990年，邵龙泉以优异成绩考入解放军第四军医大学。一身军装承载着他的汗水与梦想，体现着未来军医的使命与担当。在学校军事化的管理中，年轻的他精勤求学，不仅学会了治病救人的本领，更树立了全心全意为人民服务的价值观、人生观。大二时，他随同学们来到革命圣地延安，接受革命

精神的洗礼。站在延安纪念广场上张思德负薪前行的雕像前，他把“为人民服务”5个字深深地烙在了心里。

5年后，邵龙泉顺利毕业，满腔豪情地投入到了临床一线，想用所学的专业知识，为患者解决牙病的“难言之痛”。一天，他接诊了一位因外伤原因而导致左耳廓缺失的患者，伤口处理令人满意。但是，在颌面外伤修复需要使用医用硅胶材料制作义耳时，高昂的治疗费用让这位年轻的患者被迫放弃治疗。无耳生活，不仅遭到异样眼光，同时也无法准确地听音辨位。最后一次治疗结束后，邵龙泉留下了患者的联系方式，劝患者不要放弃，他自己为此更是寝食难安，脑海时常回想起原第四军医大学赵铱民校长的一段话：“现在的临床材料从国外进口，我们受制于人，被动得很。高价卖甚至不卖都是他们一句话的事情，我们无能为力，只能望洋兴叹。要想改变这一现状，只能从技术上突破，让更多临床材料国产化。”

从技术上突破？如何突破？他意识到自己所学知识的不足，工作两年后毅然选择跟随赵校长继续升学深造。

邵龙泉一边求学深造，一边技术攻关。在导师的指导和带领下，他研发出了国内首个高仿真硅橡胶赝复材料，为众多颌面软组织缺损患者提供了舒适美观的赝复体修复。研发成功后，他主动联系了那位曾经放弃治疗的患者，为他装上仿真性极高的义耳。“谢谢您！邵医生您让我再次过上正常人的生活。”邵龙泉由此走上了牙科材料国产化的科研攻关之路。

## 二

“我们科研攻关，一定要从临床的现实需求出发，并将科研成果转化为经得起时间考验、价格惠民的临床产品，而不是为发表一

篇篇束之高阁的学术论文。我们要的是国产牙科材料的迭代升级，最终打破国外垄断的尴尬境地。”邵龙泉说。

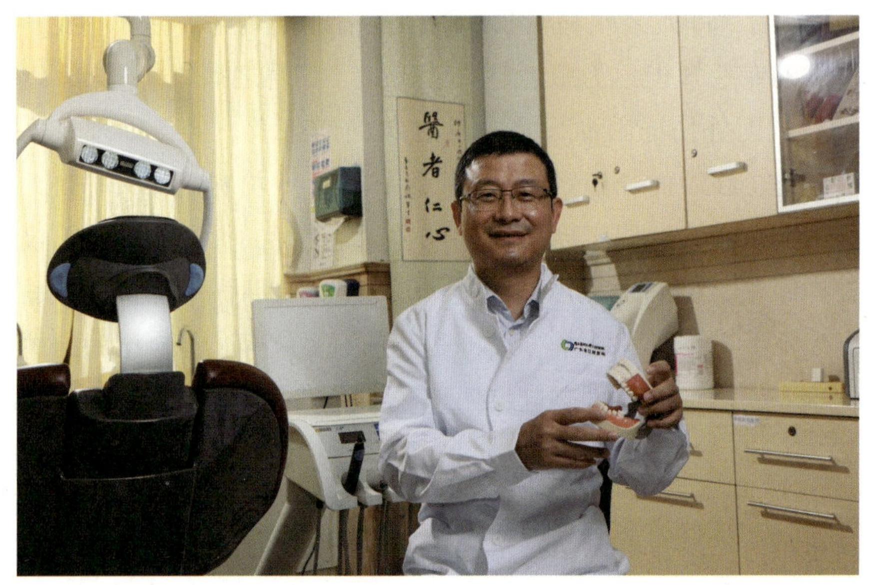


邵龙泉在给学生讲解治疗方案

牙齿做了根管治疗后，吃硬东西可能会折裂。因此，需要在表面做牙冠进行保护。此外，若是牙齿有缺损，或者颜色欠佳，也可以做牙冠恢复美观。日常生活中，在很多老年人的口腔中可以看到金属牙，但年轻人中却很少出现。因为，现在年轻人会选择美观性强的氧化锆材料的烤瓷牙作为牙冠。要知道，曾经一颗进口氧化锆牙冠需要患者自费 5000 元左右，这在当时人均工资 1000 元左右的年代，意味着仅镶一颗氧化锆的牙冠就需要半年左右的工资，这是普通百姓无法负担的。

“这对我触动很大。我们在进口种植体的价格上没有话语权，所以我决心研发种植体。”邵龙泉团队经过历时 5 年的技术攻关，研发出了透光性及机械性能优异的国产氧化锆坯体，打破了国外相关品牌的技术垄断。实现产品转化后，推出了国内首个美学氧化锆

瓷块系列产品，具有产品安全性高、价格便宜、修复效果好等优势。他欣慰地说：“10 年前，国产氧化锆市场占比仅为 10% 左右，现在已经达到了 60% 以上。最重要的是，国产氧化锆价格仅是进口的一半左右，让更多的患者能够镶得起牙。”

种植牙是修复牙缺损、缺失的常规治疗方式之一。经过种植技术修复，可使患者口腔及外貌达到协调自然的效果，还可以改善咀嚼功能，其效果一般可维持 20 年以上，是目前缺牙治疗方式的最优解。“医生最无奈的是我们明明知道如何做对患者来说是最好的选择，但患者被上万的价格劝退，只能选择继续忍受牙病的折磨。造成矛盾的源头，是我们在进口种植体的价格上没有话语权。”邵龙泉如是说。目前，他参与研制的国产种植体已经投入临床使用，修复效果与进口种植体相近，价格却便宜得多。

由于邵龙泉在牙科材料研究方面造诣很深，因此他能给患者更好的修复建议。“我能把每样种植体或陶瓷材料的性能给患者分析清楚，让患者自由选择，这样患者就能清清楚楚、明明白白地接受治疗，而不是说‘你就用这个吧，大家都用这个’。”他认为，一知半解，只是个牙匠；知道得足够多，才算医生。

## 三

邵龙泉一心扑在临床上。“可我这一天不停地看牙，一年能看多少呢？”他真切地感受到唱“独角戏”没有出路，带领众人跳“广场舞”才能更好地体现自己的价值。于是，他调整时间分配，临床、科研、教学一样不落。白天，他忙于临床实践，为患者解除痛苦；晚上，与学生开会交流，布置各种科研任务，解答科研中的疑惑。

邵龙泉在会上致辞

“晶粒排布的不同为什么会对氧化锆材料的透光性产生影响？”这个问题一直困扰着科研中的小张。小张是邵龙泉2021年新招收的学生，连续几天的项目进度汇报中，他的实验数据一直不稳定。分析指导时，他也听得云里雾里，难以消化理解，以致项目长时间停滞不前。对于这种不能理解团队实验设计理念的学生，邵龙泉邀请同行业专家开展面对面沙龙来答疑解惑，用一句“三棱镜能折射光”的浅显比喻，就点拨了思路限于困顿的小张。

作为南方医科大学的博士生导师，邵龙泉指导的人员层次包括博士后、博士、硕士，其中在读的就有近20名学生，每年在南方医科大学还有近200个学时的授课任务，还要受邀参加各类学术会议，分享成果和经验，薪火相传。如今，他的科研产品很多都已经实现转化，应用于临床，已帮助了千百万的患者。同时，他自己也成为国家级人才，享受国务院政府特殊津贴。

科技就是一个突破超越另一个突破。如今，他带领团队继续突破自己在国产牙科材料事业上所取得的成绩，包括全力攻坚研发出骨整合效果更好、价格更低的国产种植体等，让偏远地区、低保户等普通老百姓可以用得起质优价廉的新材料是他最新的五年规划。

## 作者简介

曹凤婷，内蒙古包头人。毕业于西南交通大学，现任南方医科大学口腔医院（广东省口腔医院）党政办公室科员。

# 军中红梅傲风霜

欧阳文莺

薛红仙

## 主人公小传

薛红仙，浙江宁波人，消化病学专家，广东省第二人民医院消化科主任医师。毕业于解放军第三军医大学，先后任职于解放军第157医院、第169医院、第177医院。长期致力于消化科临床、研究和教学工作，完成多篇有价值的学术论文，曾获军队科技进步二等奖，被原广州军区记一等功，进京参加全军英模代表大会。身患多种癌症，仍以坚强的毅力克服病魔，重返工作岗位，为医院科室建设做出了重要贡献。

薛红仙虽然平时话不多，但是脸上总挂着笑容，眼神明亮又坚定，在与她共事的几年里，我了解了她许多感人的事迹，听她讲了许多“啥时都要有军人精神”“像当年战胜敌人一样战胜病魔”的传奇故事。薛红仙曾三次抗癌，但仍然精神矍铄，耳聪目明，思维

敏捷，行动自如，完全不像一位已是 88 岁的老人。

## 不读书没有出路

薛红仙永远记得 1940 年那个格外寒冷的冬天。她伏在门外听着外婆持续的哽咽声，心里很不是滋味。一向温柔勤快的母亲缠绵病榻好多天了，伤寒症却越来越严重，到了水米难进的境地。平时走动不多的亲戚们陆续出现，探视完母亲就都摇头叹息地走了。

外婆侍候着母亲，天天哭，也不吃饭，孩子们凄凄凉凉，6 岁的薛红仙带着弟弟妹妹，心中充满了恐惧。

用了不少药，父亲也多方打听，终于找到了邻县的一名老中医。那老中医几副中药下去，薛红仙母亲的病情居然稳定了，慢慢地好了起来。

“神医，绝对是神医！”乡亲们都这么说。小薛红仙满怀感激和敬慕之情，心中暗暗发誓：“长大我也要当医生，当这种治病救人的神医。”从此，这种“当名医”的信念贯穿了她的整个人生。

农村的小女娃薛红仙上学了，并且考入当地最好的学校——浙江宁波县中学。这在当时的农村几乎是不可思议又令人津津乐道的事。聪明伶俐的薛红仙认为，不读书没有出路！幸运的是，她有一位读过几年私塾的父亲，十分支持她。“读书就要进最好的学校，哪怕是凑钱也给你读。当然了，成绩不好，其他的免谈。”

就这样，14 岁的薛红仙背着一个小米袋、一罐咸菜，走进了中学的大门。她是当时方圆百里唯一从农村考进省内有名的镇海县立中学的女学生。

抗美援朝战争爆发，国家号召青年学生参军保家卫国。正在杭州读高中的薛红仙，毅然决然地报名成为一名卫生兵。随后，她进

了中南军区医学院，再往后又转到位于重庆的第三军医大学学医。4 年后，毕业她被分配到部队医院当了一名军医。谈起那时的热血生活，薛老淡然一笑："当兵是一种历练，它锻造了我们军人坚强刚毅的性格和良好的心理素质。"

## 名医是这样养成的

许多女同学毕业后，要么嫁人成家，要么改行。而薛红仙心中自有乾坤，她推辞了一波又一波的媒人。"未立业，何成家？"这个身材纤细的小姑娘元气满满，立志要做一名好医生，心灵深处只有这几个字：工作—学习，工作—学习。直到 26 岁那年，她才找到意中人，成了家。

薛红仙刻苦钻研、勤学苦练，很快成为科室的带头人，业务熟练，勇于担当，不分亲疏，及时救治了一个又一个急危重患者。

一次，一位身患急性胰腺炎的危重患者住院收治，身边人几次想暗示这个患者的"重要性"，薛红仙都"摆摆手"挡住了，她只知道分秒必争地救她的患者。为了随时处理紧急情况，她亲自守护在患者身边两天两夜。患者度过危险以后，家属非常感激。这时，同事小声告诉她："您不知道他是某某军分区的政委吗？"薛主任平静地说："我不知道。我只知道他是我的患者。"

又一次，一个 13 岁左右的男孩因为吃错东西，上吐下泻，接诊的医生判断失误，把他收进消化内科住院。后来诊断是中毒性痢疾，按常理应该转传染科进一步治疗。但患者在诊断过程中耽误了时间，病情加重至休克，已经不适合转科了。院长很谨慎地亲自问她："患者很危险，要不要转科？"她回答说："现在不适合转科。您请放心，我也能治这个病。"经过一个晚上的紧急救治，患者转

危为安，天亮走出病房时，她看到病房外男孩憔悴的父母，便走上前安慰说："不怕了，不怕了！"在场的人不禁都笑了："主任，您不觉得这家长很眼熟吗？"她停下脚步，仔细看了看男孩家长，表示"不认识"。后来，她才知道男孩的父亲就是本院领导，也是自己的顶头上司。

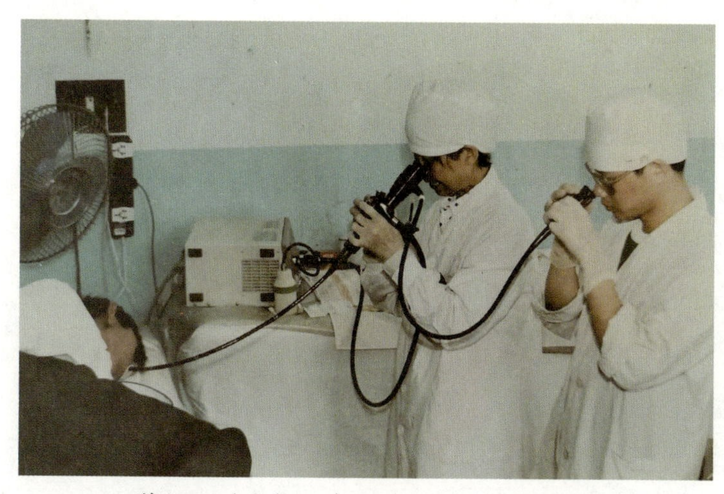

薛红仙（左）正在给病人做内窥镜检查

薛红仙不仅在工作上能独当一面，在生活上也是一名强者。年富力强的丈夫身染重病，缠绵床榻多年。两个年幼的孩子需要照顾，每每出差归来家中一片冷清。她独自一人担起工作和家庭的重担，左支右撑，身心疲惫。她只能在家人睡着后，在深夜打开书本，钻研医学，撰写论文。谈起这些往事，她仍会有没能把更多精力用于医学事业的遗憾，还有挥之不去的难言辛酸。

这个坚强的女人，始终记得自己学医的初衷。她的努力坚持换来了一篇篇医学论文，也让第169医院的消化科成为医院的品牌。在这期间，她还跟着老主任的"学习课堂"学习第二外语——英语。1981年，她被评为副主任医师；1986年，52岁的她被评为第一批主任医师。

# 千磨万击还坚劲

1990 年夏日的一天，晴天霹雳！时任解放军第 169 医院消化内科主任的薛红仙，到基层部队巡诊，晚上洗澡时，右手触碰左侧乳房时发现有一粒不痛不痒的硬物，心中隐隐地感觉不祥。返回医院的第 5 天，穿刺活检结果确诊为恶性肿瘤，外科主任给她做了根治大手术。

突如其来的沉重打击，让她思绪万千：长期患病卧床不能自理的爱人需要她照顾，两个孩子有一个还未找到工作……日子到底怎样过，她想了很多。但她想得最多的是，自己是军人、是党员、是科室带头人，要把有限的人生投入到无限的为人民服务之中。

经过几天的思想斗争，薛红仙的信念更加坚定、思路更加清晰："困难像弹簧，你弱它就强。遇癌不能怕，越怕越有事。"她一边积极配合治疗，一边尝试锻炼体力。因左胸大面积创伤，左手每动弹一下就疼痛难忍，她咬牙坚持，循序渐进，从慢慢加强握力到练习吊绳。手术后不到 3 个月，她就要求回到科里上班，做一些力所能及的工作。她说："科学治疗，合理营养，适量锻炼，我身体半年后就会基本恢复正常。"

为了把损失的时间补回来，她更加勤奋努力地工作。那一年，她带领全科不仅出色地完成了医疗任务，获得了很多荣誉，而且还发表了许多有价值的学术论文，有一项成果获得了军队科技进步二等奖。

"千磨万击还坚劲，任尔东西南北风。"薛红仙这朵军中红梅克服了常人难以想象的困难，也取得了常人难以取得的显著成绩。1992 年 8 月，为了表彰她入伍 41 年来取得的显著功绩，原广州军区给予她记一等功，她还进京参加了全军英模代表大会，受到党和

国家领导人的亲切接见。

党和国家给自己这么大的荣誉，薛红仙觉得受之有愧："我没觉得自己有什么了不起，党和国家不应该把这个荣誉给我。当一名良医是我的本分。"

1993年，组织上根据实际需要，将她从（湖南）解放军第169医院调到（广东）解放军第177医院，这是广东省第二人民医院的前身。当时的第177医院还是部队中的小医院，百废待兴，胃镜室刚具雏形。胃镜检查治疗的技术发展日新月异，胃镜室建设任重道远。薛红仙勇敢地接受了这个挑战。她刻苦钻研，集思广益，结合自己所学的消化疾病知识，很快从消化科医生又成为胃镜治疗检查操作的行家。在她的策划筹建下，省二院建立了胃镜专科，很多患者点名要求由她检查治疗。再后来，她为科室培养了很多独当一面的专业人才。1994年，她恋恋不舍地告别工作多年的岗位，按规定要求退休。

1996年春，已退休两年的薛红仙"感觉自己浑身还有使不完的劲，还能为单位、为国家做点事"，便向医院提出申请希望发挥余热，很快被组织批准，返聘回第177医院内科工作。工作忘我的她，由于劳累加上天气的变化，患上了重感冒，咳嗽难愈，后被原广州军区总医院确诊为肺癌。总医院的战友怕她经受不了这个打击，有意说"看错了"，薛红仙却笑了："我又不是第一次遇到。革命战士，死都不怕，还怕癌症吗？"大家都被她这种革命的乐观主义精神深深折服。

1996年7月19日，薛红仙做了肺切除手术。3个月后，她再次出现在工作岗位上。平时工作中，谁也看不出来薛红仙还是个癌症患者，她技术精湛，乐观助人，从来不要求特殊对待。

薛红仙在术后住院恢复期间，科室同事心急火燎地打电话向她

薛红仙同志入伍41年来，牢记我军宗旨和知识分子的崇高使命，在本职岗位上作出了显著功绩，军区给予记一等功一次。特此报喜。

中国人民解放军广州军区政治部

一九九二年八月十九日

薛红仙获记一等功

求助：一个胃肠检查治疗的患者把大家给难住了。她在电话里怎么指导也不顶用，同事始终没弄明白，便干脆说："我就在科室住院，我亲自过来。"不一会儿，她拖着不适的身体蹒跚着回到熟悉的科室，回到熟悉的操作台。经过消毒后亲自上阵，指导同事如何操作。经过一个多小时的精准操作，患者的问题解决了，可久病虚弱的她却累得满脸满身是汗，就像是水里捞出来似的。同事们十分内疚，她却为又救治了一名患者而感到欣慰。

"面对坚强的战士，敌人是不甘心投降的，我在内心呐喊：我是打不垮的！"2012 年 5 月，78 岁的薛红仙，这个久经沙场的老兵，又一次"应战"。她消化不好，体重两个月急剧下降 7 斤，腹部右侧凸起了一个肉瘤。医院检查后，肉瘤被确诊为恶性肿瘤！同事们听后惊慌失措，不知怎么对她说。她却泰然自若，言谈举止仍然不失幽默："精神不倒，敌人奈我如何？"医院先是为她做微创切除手术，5 个月后又做五分之四胃大切除手术，她的体重从 105 斤掉到了 85 斤。谈到这儿，她爆料说："这是我第 5 次上手术台挨刀了。1979 年时，我还因子宫肌瘤做过一次手术呢。"她就像一次

次打退敌人的冲锋的战士，再次屹立在得胜的阵地上。

许多医学专家说薛老的抗癌生涯是个奇迹，对她过人的毅力深感佩服。薛老说："我当过兵，什么都不怕。这就像和敌人打仗，怕不但没有用，还有负作用。当然啦，像主席说的那样，在战略上藐视敌人，战术上重视敌人，生活作息要规律，坚持适当锻炼，都是必不可少的……"这是薛老的心里话，也是她屡战屡胜的"生存法宝"。按医学常规，一个人患上恶性肿瘤，生存期超过 10 年，即为痊愈；超过 5 年生存期，即跨过危险期。而最后一次的胃癌手术，离 10 年仅隔一个月，令人宽慰的是，薛老最近一次的体检结果：身体状况良好且稳定。

如今的薛老，不仅报名参加了南部战区老年大学历史班学习，还经常出远门，饱尝祖国的"醉美"风光。她视野开阔，心胸豁达，反应敏捷，许多人都愿意与这个老太太交朋友。

30 多年来，薛老的工作及抗癌事迹传遍了军营的大江南北。这位荣立过一等功的老兵，这位曾患过三种癌症的老人，以一名军人的风骨风姿对付病魔侵蚀，且越战越勇，屡战屡胜，不愧为最美退役军人的典范。军中红梅傲风霜，自有芬芳满人间！

## 作者简介

欧阳文莺，湖南常德人，医护工作者。现在广东省第二人民医院工作。原创微电影《阿布》，获羊城"最佳公益奖"、广东省医院微电影一等奖。

# 一袭白衣做铠甲

逸　清

卢吉灿

## 主人公小传

卢吉灿，浙江诸暨人，麻醉学专家。广州市第十二人民医院麻醉科主任，广州医科大学兼职教授。曾工作于原兰州军区陆军第六医院、第一军医大学南方医院麻醉科。长期致力于临床麻醉、疼痛治疗工作。任广东省医学会麻醉、疼痛医学委员，广东省医院协会麻醉管理委员会常委，广州市医学会疼痛学、麻醉学副主任委员，广州市医师协会麻醉分会副主任委员，广州市麻醉质控专家、高级职称评审专家。曾被广州市卫健委记三等功一次，还被评为优秀党务工作者、优秀转业干部。

在广州市第十二人民医院麻醉科护理台的唯一外出通道，我蹲点了5次，才等到卢吉灿主任从手术室走出来。

他一边摘下头上那顶手术室专用的花帽子抹汗，一边对着身边

的年轻医生交代着事情，那医生正在一本豁边的笔记本上快速地记录着什么。

卢主任发现我堵在门口，眯着眼睛歉意地笑了笑，换了便鞋，转身到墙边的洗手池，一边放水，熟练地用七步法洗手消毒，一边示意我坐下，说："刚下手术。先吃点东西填肚子！"我还没来得及解释自己是几顾茅庐才得遇见，他又端着饭盒盯着电脑在出神地看着什么。

我凑过去。啊！是明天的手术计划安排：耳鼻喉科 9 台，妇产科 5 台，骨科 1 台，普外科 2 台……得！整整 31 台预约手术，还不包括当天随时进来的急诊手术。

"主任今天怎么这么晚还不下班呀？"夜班接班的医生问道。

"快要下班时，从急诊科转进来一位高处坠落的多发性骨折、重度颅脑损伤、失血性休克男性患者，刚刚几大科室联合在手术台上处理了两个最危险的病灶，现在总算稳定下来了。"卢主任吃完盒饭，顺手擦干手臂上的水珠和汗珠，嘘了一口气。

神经外科主任袁士祥正好路过，见我们几个在"聊天"，便加入进来。"每当遇到这种开颅手术，非得老卢坐镇主持。我们脑外科患者的病情大都来势凶险，麻醉要求精、准、快，术中还要纠正低血压休克、输血等重症抢救问题，他这定海神针在身边，我才能放心大胆干活。"

我入职第十二人民医院已经有 10 年了，平时与内科系统和手术室打交道并不多。有一次，我在信息处等着拿资料，听到两个职工谈医院的"怪事"。

"别的医院外科管理委员会主任都是外科大佬担任，我们医院是麻醉科主任担任。"

"多新鲜，"报告这个"新闻"的职员，最后不忘加上一句自

己的评论，“麻醉科只是一个辅助科室，怎么连大外科系统都管了起来，这还是头一遭儿听说……”

“那有什么新鲜的，”第二个人也提出了自己的意见，“人家当年从部队医院转业过来的时候，连海关和省中医院都不去呢。”

“什么？别瞎扯了！”

“信不信由你。当时，市十二医院天河院区刚开张，麻醉科只有一个麻醉师、四间手术室，他也愿意来……”

这两条新闻是不是确有其事，我没去了解。引起我注意的是每逢到手术科室部门打交道时，常常会听到关于卢吉灿的一些传说。

“那是 1999 年的秋天，”卢吉灿回忆道，“我三十多岁，副团级，从第一军医大学附属南方医院转业到地方，来到广州市第十二人民医院。没想到，成了十二医院麻醉科的创始人。

“那时，第十二人民医院天河院区刚开张，19 层楼的住院部和 11 层楼的门诊部大楼只有一个麻醉师、四间手术室，我预料到了建科的困难，但没有想到会这么困难。”

卢吉灿环视了一下周围，表情稍复杂，仔细看去，那镜框后面的眼睛里透着欣慰的光。

一个人，四间房，到如今整整两层楼的科室，可以说从无到有，从小到大，从弱到强。麻醉科现在是编制 36 人的大科室，包括手术部、疼痛科、麻醉护理综合一体，每天可以承接 40 多台手术。

卢吉灿还兼任外科管理委员会主任和外科党支部书记，凭借超前的眼光、超强的组织管理能力和过硬的专业技术，他的团队一直担负着全院急救医疗、重症救护和手术保障工作。他把整个医院大外科所有科室团结在一起，拧成一股绳。

“如果你有不同意见，‘请尽量提’。”“手术节点安排和风险评

估有什么不妥？您说一下有什么难处。”卢吉灿主任经常这样对外科主任说，主动协调解决外科系统的各种难题。

我很想听听这位一直奋斗在医疗前线上的退役军医的经历。机会难得，我赶紧凑到他办公桌前，问道：“主任快给我们讲讲您以前的故事呗！”

“讲啥？”也许是一天的繁重工作暂时落幕了，只见他双眉舒展，眼睛直视着前方，一股说不清的轻松和满足在他整个脸上表现出来。

“讲讲您当军医时惊险刺激的经历。”

“说实话，参军一直是我小时候的梦想。我二哥是武警，我在家里最小，排行老五，小时候都觉得穿绿军装很风光，了不起，做梦都想去当兵。我高一时参加了飞行员的体检，但飞行员的要求更高，我没有达到自己的理想。

“高三的时候，我决定学医，因为发生在我邻居身上的一件事情让我很震撼。这位邻居，年长我几岁，平时很要好的，身体很好，突然肚子痛，痛了以后又吐，后来又不拉，最后人没了。学医后才知道，就是一个典型的坏死性肠梗阻，诊断并不难，及时就医，及时手术就能治好。这件事情对我触动很大，觉得医生救死扶伤很神圣很高贵。如果我又能当兵又能满足我学医的心愿该多好，于是高考那年我报的第一志愿是第一军医大学，真是心想事成。我被一军大录取了，穿上了军装和白大褂，实现了梦想的完美结合。应该说，这时我到达了自己人生中想要的第一个目的地。

“我喜欢军队，军队锻炼人的意志，训练严格，讲究团队合作。上军校后，校纪校规非常严格，穿着军装，上课、吃饭都要排队，作息非常规律。

“大学时我入了党，毕业时我响应国家的号召，提出‘最艰苦

的地方，让我先上’，‘到边疆去，到祖国最需要的地方去！’我申请去甘肃的解放军陆军第六医院，在河西走廊行医，里面穿着军装，外面套着白大褂。”

他微笑着，喝口水润润喉，继续说：“那里自然环境比较艰苦，我需要下基层去训练，如去野战部队炮团什么的，去秦岭大山里的军事基地等，‘白天兵看兵，晚上数星星’，但我那时特别喜欢军营生活。

“形容一下当时部队所在地平凉市的荒凉：整个城市只有一条街，东大街连着西大街，中间一个红绿灯，我们叫它什么来着？一个城市一个岗楼，一个警察看两头，公园里只有一只猴。”

我不禁莞尔：“为什么公园里只有一只猴？”

卢吉灿身着军装留影

“因为公园里啥都没有，树也很稀少，就养着几只猴子，这就是当时柳湖公园唯一的风景了。我来平凉是冬天，当时大学生少，

本科毕业的军医更少，一个只有300多张床位的部队医院，主要为军人服务，但也为当地老百姓服务。当地的老百姓生活条件艰苦，老百姓来看病，都带着一个大馒头，没有菜，午饭的时候把馒头包袱往外面晒一晒，啃着馒头，就着根大葱，喝口白开水就是一顿饭。甚至，有的病人连这样的馒头都没有。我们白衣战友经常和老百姓打交道，大家经常会接济一下他们。这就是我们典型的军民一心同甘共苦的精神。

“在这种艰苦环境下，我在部队医院服务了4年，其中发生了很多刻骨铭心的事情，很难忘。”卢吉灿握着杯子喝了口水，眼神望着门外陷入了沉思。

“我在陆军六院是心血管内科的医生，与肾内科在同一个病区。当时，接诊了一个肾炎病人，这个病人很难治，当时没有血透、腹透，更不要说换肾手术了，只能吃药、肠道透析，过一段时间就来，后来家里也穷了，没钱透析。那时候，透析是很昂贵的，治疗效果也不是很好，反反复复来医院，有时还闹嚷要跳楼。因为是我的病人，我们联合帮他承担了部分医药费。当时和爱人通电话很多时候都询问她怎样安抚这种病人，向她学会了不少医患沟通的技巧。同时，我也感受到技术上的挑战和对生命的拷问。我想，既然选择了学医，就要牢记医学院学生须知的《希波克拉底誓言》。为人民服务的情怀，就是这样培养出来的。

“还有一次，我接诊了一个空军地勤部队的战士。那战士一个劲地高烧，查不出原因。后来烧到第3天，皮肤上隐约有些斑点，尿少。我就想到实习时在江西见过一个出血热病人，凭经验判断这个战士可能是流行性出血热，迅速报告了传染科。传染科说不可能，他说我们这个地方包括泾河上游从来没有流行性出血热，我坚持说要考虑这个病。当时，西安咸阳都有流行性出血热了，泾河上

游这边没有报告，但也不能排除没有。为此，我们医院还专门请了外市传染病院的教授来诊断，教授一问便说诊断没问题，这就是出血热。

“流行性出血热是以老鼠为媒介传播的急性传染病，当地电视台为这个案例还专门采访报道了我们。后来，第四军医大的专家过来调查，夸赞说在这么艰苦环境下能够诊断出来，我这个大学生有水平，不简单，阻止了一场传染病的流行。”

我听到这里不停地点头：“面对那种情况，能及时准确判断出病情来，还真是不简单。万一漏诊，后果不堪设想。”

没等我把话说完，他沉吟了一会儿，使劲揉着眉头，叹了口气说：“干我们这行，实力很重要，技术要过硬，每一单事情都人命关天。我们当医生的要特别细心、特别专心，不放过任何一个疑点，有时就能救一个人，甚至一群人。”

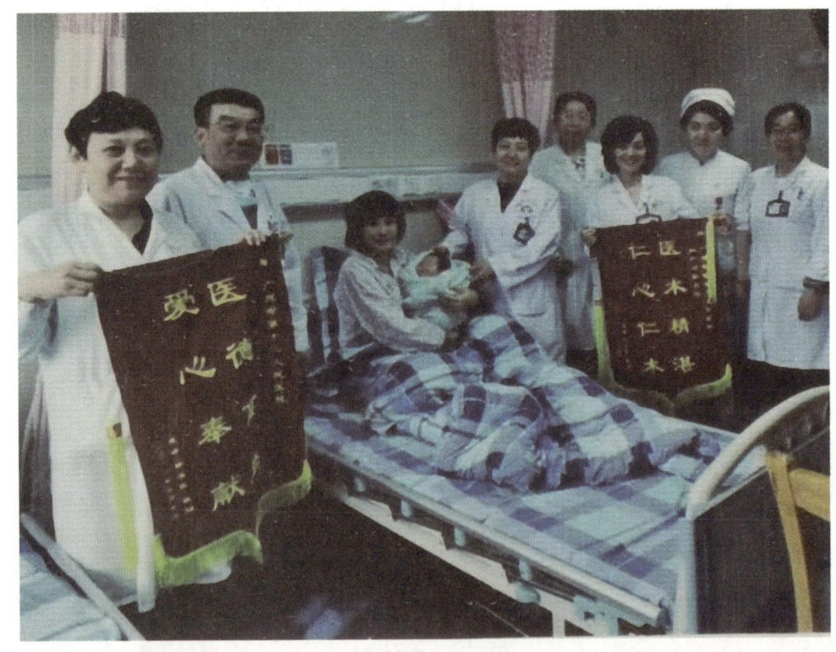


卢吉灿（左二）视患者如亲人，赢得一片赞扬声

“我和妻子都是军人，作为一名医生，我有钻研医学的兴趣爱好，但军医更需要有担当。我爱人毕业留校在南方医院工作。1992年，我回到广州，结束了两地分居的日子。在广州，全家最初住在一间14平方米的筒子楼里，在走廊上用煤气炉做饭。孩子出世后，我母亲过来帮忙，和单身楼公共宿舍的五六个老太太家属住在一起，也很不容易。

“因为工作需要，我从心内科医生转行做麻醉医生：一来因为麻醉科医生对心血管疾病、重症抢救都要懂，我改做麻醉师有优势。二来在第一军医大的直属教学医院工作，患者非常多，临床工作压力更大，教学医院医教研工作都要展开，我不能怕苦不能怕累，只能靠自己一个劲儿往前拼，有时连家都顾不上。

“1995年，我在南方医院当总住院医师，一年到头吃住在医院里，为患者做手术麻醉。我记得儿子刚出生那几天，连台麻醉手术、急诊抢救，总住院医师都得在手术室，有一次72小时没回家。说实话，我们亏欠儿子很多的，儿子上幼儿园没人送，也没人接，看着大院里谁家方便就打电话去学校一起接一下。我儿子是吃百家饭长大的，我和我爱人经常要抢救患者，做手术加班，我们就打电话给儿子让他自己到同学家吃饭、写作业，等到深夜忙完工作，才到儿子同学家里把睡着的儿子抱回来。

“我爱人当了8年的急诊科护士长，负责航空救护这一块，随时随地接到任务就上飞机走了。我们一家过年都很少在一起吃饭，因为各自都有工作要完成。全家人就在部队这个大熔炉里磨炼了几十年，退役后继续在医疗战线上做着平凡的事，因为本职工作就是救死扶伤。”

我沉浸在卢主任的往事里，感觉插不上话了，眼里风雨欲来，喉咙像被什么东西堵住了。

卢吉灿娓娓道出的又何尝不是天下无数白衣执甲们的日常？

“这些年，市卫计委给予我不少荣誉，给我记了功，评我为优秀转业干部。相对这些荣誉，我更喜欢钻研技术。”主任办公桌后面的书架上，有一排长长的荣誉证书。我随手翻开几本：2001 年，中共广州市卫生局机关委员会授予卢吉灿优秀转业干部称号，荣立三等功；2002 年，卢吉灿同志因工作成绩优良，广州市计委给予嘉奖奖励；之后，多次被中共广州市卫生健康委机关委员会评为优秀共产党员。

卢吉灿是个“技术控”。1999 年，他从南方医院转业到第十二人民医院的时候，天河新院刚开张，麻醉科总共只有 3 个人，很多常规外科手术都不能开展，大型手术就更别提了。他来了，同时也带来了部队大医院的麻醉和心血管循环管理方面的重症监测先进技术，给大外科和妇产科手术带来强有力的保障；他来了，首例 103 岁老人的骨关节置换手术成功了，心脏破裂抢救手术成功了，产妇 DIC 抢救成功了……

“荣誉是对工作成绩的肯定，但技术才是最重要的。当年，我转业来市十二院麻醉科挑大梁，科室建设从无到有，从小到大，技术提升了，手术量提升了，只能说为人民群众解决了一些实际困难。”

说到当年评选优秀转业干部，卢吉灿的兴趣远远没有聊专业技术那么重视。他是个技术型干部，优秀共产党员，他觉得医务人员的本职工作就是救护患者。“牢记希波克拉底誓言，不忘初心，一视同仁，众生平等，是我们白衣天使肩上的社会责任。”

“我想，如果我们为劳苦大众解决了身体的痛苦，这就是上天给我们的最高荣誉。”卢吉灿说话，永远是那么平凡、朴实。

2003 年，广州市出现非典型肺炎的时候，也是第十二人民医院

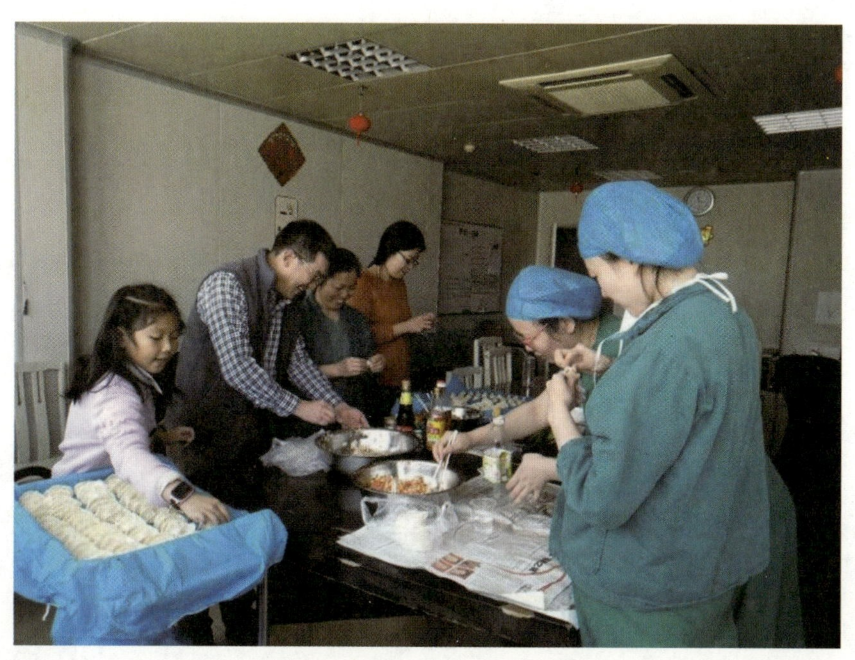

卢吉灿（左二）科室的年夜饭

大外科管理委员会业务突飞猛进的时候。当时，他妻子是南方医院急诊科护士长，闭环管理住酒店不能回家，卢吉灿一边带着 8 岁的儿子支持妻子的工作，一边有条不紊地上班，管理着麻醉科和外科管理委员会的工作。在他的记忆中，仿佛没有“休息”两个字。他对病人一视同仁，任何人找他，他都帮助病人协调解决，尽最大努力减轻病人的痛苦。

“医疗环境是个整体环境，从医是个团队合作的过程，学会协作，有集体荣誉感，不忘初心，将心比心，你心态端正，帮病人解决了实质性问题，病人会深有体会的。”的确，“我见青山多妩媚，料青山见我应如是”。卢吉灿主任说的这些话，对现今青年医师处理医患关系又何尝不是个指导原则呢？

“我是个共产党员，为人民服务一辈子是我的光荣。我觉得很满足。退休后，应该没有什么遗憾，要是有遗憾，也是遗憾自己在

广州干那么多年，还不会讲粤语。遗憾自己毕业时，没去云南上前线。”他说着，说着，忽然笑了，带着请求的口气，对我说：

“咱们别谈工作了。扯点别的吧……”

可我居然一下子不知道该谈些什么。

世界上没有两条完全相同的河流。如果当年他去云南前线服役，现在可能就少了一位擅长体外循环心血管手术、颅脑外科手术、肾移植等高危手术，有上千例经验的医学专家。

寒暄了一阵，卢吉灿不知不觉中打了个哈欠。

他明天还要去黄埔院区工地。在疫情大考中，他接手新院区建设办，基建已经封顶了，医院为了保障 2023 年 6 月 30 日能正常开业，任命他为建设办主任，统筹新院内部的具体装修工作和监督项目进度。

“这个活儿不好干呀！时间紧，任务重，建设工期要赶工，质量要保证，医疗设备安装要同步进行。我要不断地去现场戴老花眼镜看图纸，一刻也不敢懈怠。其实，我就是一个普通人，我只是在平凡的岗位上做了自己应该做的事。虽然脱下了军装，但我仍旧是一名共产党员，退役不褪色。在退休之前，我会继续穿着白大褂，带好自己的队伍，向党交一份满意的答卷。”

窗外已是一片暮色。

远处纵横交错的立交桥像一根根彩色丝带，织起了万家灯火。

我目送这位退役军医进入电梯，一瞬间，他的背影是那么美，我仿佛看见了无数个他一直站在医疗战线的最前线，救死扶伤，冲锋陷阵，日复一日……

一袭白衣做铠甲，因为平凡，所以伟大。

## 作者简介

逸清，本名饶晓林，湖南永州人。广州市作家协会会员，现就职于广州市第十二人民医院，发表报告文学《静静的荔湾》、散文《山水画》等 40 余篇。

# 在梦想的土壤上耕耘

杨隽莹

智发朝

## 主人公小传

智发朝，河北石家庄元氏县人，主任医师，医学博士，博士研究生导师，博士后合作导师，南方医科大学南方医院消化内科二级教授，现任广东省南方消化病研究所所长、广东省胃肠病重点实验室主任、广东省生物医学创新平台建设项目负责人。享受国务院政府特殊津贴专家、国家卫生计生突出贡献中青年专家、国家“863计划”项目主持人、国家首届“国之名医·优秀风范”获奖者、首届全国中西医结合优秀青年科技工作者、广东省“特支计划”杰出人才（南粤百杰）、第十三届广东省丁颖科奖获得者、首届广东省医学领军人才。中国医师协会内镜医师分会副会长，中国营养学会益生菌益生元与健康分会副主任委员，广东省医师协会消化内镜学工作委员会第一、第二届主任委员，广东省中西医结合学会常务理事及脾胃消化专业委员会第四、第五届主任委员，广东省医学会消

化内镜学专业委员会副主任委员。

43年前的夏天，年仅18岁的智发朝以优异成绩考入第一军医大学（现南方医科大学），这是他第一次走出家门——河北省元氏县。满怀憧憬的他正式踏入大学校门的那一刻，恍然想起自己竟同时实现了三个梦想。年轻的他更想不到，从此他将在这片热土上一直耕耘至今。

## 一

“现在回头再看，感觉一切都是冥冥之中的缘分。”智发朝这样说。

40多年前，智发朝的舅舅病故于食管癌，这样的疾病使人无法进食，在那个年代极难得到及时救治，加之家庭贫困，支付不起医疗费用，家人只能眼睁睁看着患者急剧消瘦，最后被活活饿死。就在那时，智发朝的父亲说了一句话：“如果家里有个郎中该有多好！”就是这句话，在智发朝的心里悄悄埋下了一颗医者的种子。

在那个万物复兴的年代，几乎所有年轻人的心中都有一个“军营梦”，智发朝也不例外。他的父亲曾是一名军人，参加过解放西藏战役。军人英勇顽强、甘于奉献的精神，军队果敢忠诚、团结向上的作风，无不深深吸引着这个风华正茂的年轻人。

“第三个梦想，就是对大城市广州的向往。”智发朝说。学生时期，村里播放了一部谍战电影《跟踪追击》，电影片头就是壮阔宏伟的广州火车站。在电影里，这座城市开放、包容又神秘，令他十分向往。

怀揣着这样三个梦想，智发朝先是成为一名军人，果敢自

律；后来，又成为一个医者，仁心仁术；再后来，走进了繁华的广州市……

1985 年，经过 5 年的扎实学习，智发朝留校，进入第一军医大学第一附属医院（现南方医科大学南方医院）的全军重点学科——消化科，得以师从周殿元教授。当时，周殿元教授已是我国著名的消化病及消化内镜专家，名满华夏。

智发朝把毕业后的前十年称为“打基础的十年”。“那时候，没有现在这么好的条件，内镜室规模很小，器材有限且极其珍贵，只有主治医师级别以上才可以做胃肠镜。”在那段时间里，智发朝积极轮科、出急诊、出公差、忙教学，尽管心中一直怀着对学习内镜技术的渴望，但从没有懈怠手中的任何一件工作，如同一块干燥的海绵，疯狂吸取着相关的专业知识。正是这样的执着和坚持，为他日后的发展打下了坚实的基础。

直到 20 世纪 90 年代初，智发朝才开始慢慢接触内镜技术。就在这时，南方医院开始摸索胆胰疾病的内镜治疗（经内镜逆行性胰

智发朝和助手在分析患者病情

胆管造影术，英文简称 ERCP）。那时我国做胆胰疾病内镜治疗的方法还没有和国际接轨，虽然本土方法也能做，但耗时长、患者很痛苦、成功率不高且并发症较为严重。内镜技术面临的挑战，对智发朝来说是一个难得的学习机遇。1997 年，凭借积极的学习态度和扎实的内镜功底，智发朝被选派赴香港学习 ERCP 技术。3 个月后，学成归来的智发朝将这项国际先进技术带回了南方医院。在他的积极努力下，这项技术很快与国际接轨，推动南方医院的 ERCP 技术走上了一个新台阶。

简单几句话能概括这项成就，但让这项技术成熟的过程却艰辛又漫长。“刚开始，我们没有标准的操作规范和学习对象，全靠自己摸索，好不容易学习到技术，设备又受限，消化科没有 X 光机。”智发朝说。那时，他只能到放射科借用设备及场地，每次手术要把所有 ERCP 相关器材推到放射科，做完再推回去。这还不是最要紧的。刚开始时，由于手术成功率不高，ERCP 手术得不到院内外同行的认可，这就意味着没有患者来源。智发朝带领全科顶住各方压力，一边争分夺秒努力提高技术，一边积极与各方沟通，向患者、同行证明消化科不仅可以做 ERCP 手术，还能做得很好。这个过程持续了将近 5 年时间，才慢慢打开局面。

## 二

2004 年，由智发朝主持完成的“华支睾吸虫病的内镜微创治疗”获得当年全军医疗成果奖二等奖。这是智发朝从医 20 年来第一次获得的重大成果奖励，也奠定了他在全国 ERCP 技术上的学术地位。他还培训了 300 余名来自全国各地的 ERCP 医生，其中相当一部分医生已成为我国 ERCP 领域的专家。时至今日，南方医院胆

胰疾病内镜治疗水平在我国依然处于先进水平，在南方地区更是处于龙头位置。

获得鲜花和掌声后，智发朝并没有止步于此。此时，他将目光投向了国内消化界的空白领域——小肠疾病的内镜诊治。长期以来，小肠是消化疾病诊断的一个盲区，胃镜下不去、肠镜上不来，导致大量小肠疾病患者虽常年在各大医院奔波，却得不到及时有效的诊治，给患者及其家庭带来巨大痛苦。

2003 年，由日本山本博德教授发明的“双气囊小肠镜”问世，让智发朝再次看到了机会和希望。在科室领导的支持下，智发朝前往日本考察学习双气囊小肠镜技术。不久后，南方医院便成为全国首批引进双气囊小肠镜的医疗单位。双气囊小肠镜技术在南方医院开展起来后，智发朝带领科室青年骨干很快将这项技术进行了优化，自己摸索出经口和经肛的内镜技巧，摆脱了 X 光机的束缚，不仅造福患者，也解放了医生，更是让 90% 以上的小肠疾病患者得以准确诊治。

自 2003 年至今，南方医院消化内科已为来自全国各地的 4000 多名患者成功进行了小肠镜的诊治，是目前国内进行这项检查最多的单位。

在积累了大量的临床病例相关资料后，2008 年，智发朝和山本博德教授合作出版了我国首部、目前独有的《双气囊内镜学》专著，在国内产生了巨大影响。通过更深入的研究探索，2012 年，以智发朝为第一作者完成的《小肠消化内镜技术的临床应用研究》获广东省科技进步奖一等奖。

近年来，智发朝又把目光投向临床热点——炎症性肠病（IBD），带领团队在国际上首次鉴定了 IBD 关键基因 MAWBP，揭示了细胞焦亡与克罗恩病（CD）发病机制、结直肠癌（CAC）发

生之间的关联。研究发现 GSDME 介导的肠上皮细胞焦亡通过促进 HMGB1、IL1β、TNFα 和 IL6 等促炎细胞因子的释放，参与 CD 的发病机制；HMGB1 通过 ERK1/2 通路诱导肠癌细胞增殖和 PCNA 表达，从而促进肠炎相关性 CAC 的发生。其还采用人胚胎来源间充质干细胞（T-MSC），建立了 T-MSC 治疗小鼠结肠炎的动物模型，并对其体内分布及活性进行了探究，发现 T-MSC 可通过提高循环 IGF-1 水平促进小鼠结肠上皮的再生修复，给 IBD 的防治提供了新思路。

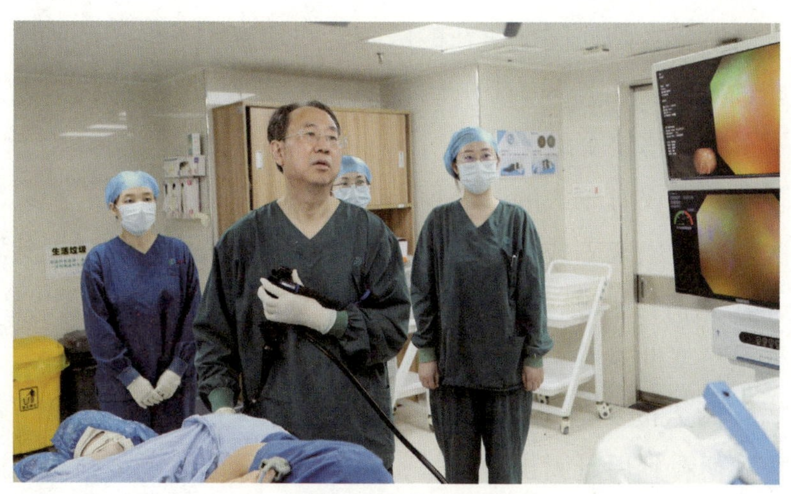

智发朝在工作中

智发朝及其团队先后获得了国家“863 计划”项目、国家自然科学基金、广东省科技计划项目等 19 项基金资助，始终站在行业的发展前沿，不断攀登医学高峰。

## 三

2004 年，响应国家号召，第一军医大学整体转制，更名为南方医科大学，智发朝也自此脱下了军装。但他退役不褪色，一直保持

着一个军人的斗志、自律与情怀。

2017 年，在评选“第八届国家卫生计生突出贡献中青年专家”时，组委会请入选的各位专家给自己写一句话，智发朝写给自己的是“牢记初心、治病救人、传承创新”。在 38 年的行医生涯中，他一直践行着这 12 个字，从未忘记医者初心。

能成为人民解放军中的一员无疑是幸运的，能成为一名人民军医更是无上荣光。智发朝在军队求学、求知，成长、成才，在部队学习并拥有了优良的品德，听党指挥，勇于拼搏，团结协作，自律守时。虽然智发朝连同他所在的医院转归地方了，但在部队所养成的这些良好品德及作风，影响了他一生。智发朝说：“我永远是一名脱了军装的解放军战士。”

智发朝不仅有军人的坚韧恒心，更有医者的慈善仁心。或许是作为医者长久以来养成的自觉性，又或许是贫苦出身的“天然”共情力，智发朝特别能体恤患者的痛苦，体察患者及其家庭的需要，并进行无私帮助。有一年，一位从粤西过来的妈妈焦急地背着孩子来看病，两人的穿着都比较破旧，特别是孩子光着脚连鞋子都没穿，智发朝看到后赶紧出手帮忙，并仔细为孩子诊断。孩子出院那天，智发朝拿出几百块钱放到孩子妈妈手中并温和叮嘱：“孩子刚做完手术身体弱，买张卧铺票回去吧，这些天你们也辛苦了。”年轻的妈妈顿时不知如何是好，眼里含着泪嘴里喃喃地说着谢谢。

2011 年 3 月，一位女士因身体疼痛辗转多家医院，反复诊治仍未得到有效救治，最后来到南方医院就诊遇到智发朝。在经过仔细问诊、多项检查并经胃镜精细检查后，最终被确诊为胃窦低分化腺癌。然而，因生活变故，患者及家人经再三考虑决定回老家治疗。让患者万万没想到的是，离开医院时，智发朝仍然为她制定了一份详尽的治疗方案交给了她的丈夫，并嘱咐一定要积极治疗，一个暖

心的举动带给了患者莫大的安慰和支持。

还有一位小伙子，智发朝发现他在住院期间每顿饭只有白饭青菜，患者需要营养，家人又无力提供。智发朝便用自己半个月的生活费悄悄买来炼乳、藕粉等营养品交给患者。一个人的力量有限，智发朝便动员那些经济状况较好的城市患者痊愈出院时，把未用完的营养品送给这位患者。这样一来，同病房的病友家属在给家人送营养餐的时候，常常会多送一份给这位小伙子，友爱温暖病房。

智发朝说，既然选择了从医，就应该将治病救人放在首位，肩负起一定的责任，坚持一颗为患者服务的初心，有时候一个小小举动就能带给他们战胜病魔的力量。医者不仅仅要减轻他们身体上的痛苦，更要减轻他们心理上的痛苦。

## 四

面对丰硕的研究成果和众多荣誉，智发朝很淡定。他说："内镜技术的探索之路还很漫长，留给自己只有 8 个字——潜下心来，继续努力。"

2015 年，由智发朝牵头的"集成肠道微生态宏基因组数据，研究开发用于肠道炎症性疾病防治的新型微生态制剂 SK08 活菌胶囊"项目获得国家"863 计划"项目支持；2017 年，智发朝团队关于二代益生菌的研究工作被世界顶级期刊 *Nature Microbiology* 重点介绍，认为智发朝团队有可能在全球开发成功首个脆弱拟杆菌活体生物药。

智发朝从未停下前进的步伐，对自己如此，对学生亦是如此。

"沉着稳重，打好基础。"这是智发朝对每一个新学生都要反复强调的一句话。打好基础，才能走好接下来的每一步。学生们感

触最深的，是智教授在“学与行”上的言传身教。每两周他会组织在读研究生开一次课题讨论会，鼓励学生提出疑难问题，共同讨论解答，同时对课题进展进行指导和帮助；周末有时间，他会带上学生一起去爬爬山、到周边乡下走一走。他曾到部队带职帮扶，也会带领学生去感受基层官兵的真实生活，让学生学会对生活的低要求，对本职工作的敬畏，时刻保持清醒的头脑，警惕在大城市、大单位待久了滋生躁动和牢骚。

智发朝不仅对自己的学生倾囊相授，对和他有过交集的年轻后辈也同样给予关怀和帮助。2003 年，已是科室重要骨干的智发朝被科室派往澳大利亚进修。这期间，来自斯里兰卡和柬埔寨的 3 名留学生多次联系他，向他倾诉由于相关规定、语言障碍等客观原因，久久无法申请到临床实践操作。身在异乡的他，深知留学在外的不易，收到求助时恰逢他归国时间临近，他一边通过邮件沟通纾解 3 位留学生的苦闷，一边积极联系医院协调安排他们实践操作。回国

智发朝在指导学生做实验

后，为了更好地帮助3名留学生提升临床实践操作技能，他手把手带教，通过半年的学习，他们熟悉并掌握了多项内镜操作技能。3名留学生回国后，将学到的技能带回自己国家，服务于人民。如今，他们已成为各自国家消化领域的知名专家。3名留学生尽管已回国多年，但他们还一直都和智发朝保持联系，并常常表达当年受到帮助的感激之情。

目前，已有100余名学生先后在智发朝的指导下完成博士、硕士研究生学业，走向各自的工作岗位，开始在国内或国际医学领域的大舞台上崭露头角。聊起这些学生，智发朝的声音都不自觉地提高了一个度，欣慰之情溢于言表。然而，学生的成才，他却不敢独自居功。智发朝说，在他刚毕业的时候，南方医院消化内科老一辈的周殿元教授、张万岱教授、孙华蕴教授、潘令嘉教授、袁爱力教授、朱建新教授等，都给了他太多的帮助和教诲。如今，轮到自己为人师了，也必须竭尽所能，传承创新，这样才对得起老一辈留下来的宝贵精神财富。

在智发朝的办公桌上，摆着一张普通的纸质卡片，卡片的背面签满了学生的名字，这是教师节时学生送他的礼物。他将这普通的卡片摆在了桌面最显眼的位置，这是他的初心，也是他的使命！

## 作者简介

杨隽莹，女，南方医科大学南方医院《现代消化及介入诊疗》杂志编辑。

# 锐意进取的老兵

陈淑华

邢　锐

## 主人公小传

邢锐，湖北荆州人，主任医师，医学博士，广东省第二人民医院急危重症医学部主任。曾任原广州军区广州总医院重症医学科（ICU）副主任、ICU区区长等职务。现任广东省医院协会重症医学分会副主任委员、广州市医师协会急危重症分会副主任委员、广东省临床医学会重症医学分会副主任委员、广东省肝病协会重症医学分会副主任委员、中国救援协会重症医学分会副会长兼超声学分会主任委员、广东省精准医学会静脉血栓症分会副主任委会等。荣立三等功，荣获广东省“五一劳动奖章”，被评为“广东好人”“广东好医生”“全国抗疫先进个人”等。

已亥年末，庚子年春，一场新冠肺炎疫情在荆楚大地暴发，且来势汹汹，中华大地面临着一场严峻的挑战和考验。“战疫”号角

吹响后，举国上下团结一致，白衣战士逆行出征，筑起了一道道坚不可摧的“防疫长城”。

广东省第二人民医院急危重症医学部主任邢锐及其团队，行进在这“逆行”的队伍里。“ICU是患者的希望之门，患者以性命相托，我们绝不能放弃！”邢锐主动请战，带领他的团队驰援疫情重灾区洪湖，前往抗疫一线，只为坚守医者的初心与誓言。

## 主动请缨打硬仗

2020年2月10日晚，广东支援湖北荆州医疗队第一批成员从广州白云国际机场启程出发，其中有一位头发花白的医生——广东省第二人民医院重症医学科主任邢锐。他是一名从事医学临床工作30多年的老党员，从1994年起便开始从事重症医学专业的工作，是我国最早的重症医学专业人员之一。

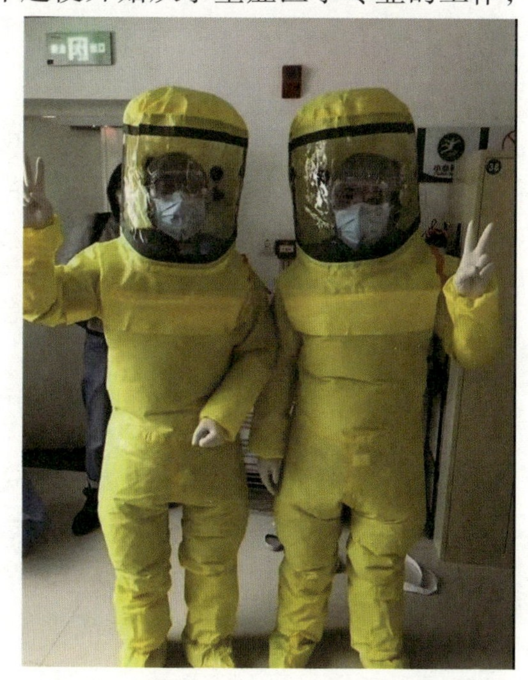
邢锐（左）身穿俗称“大黄”的正压防护服

“我是一名老兵，我去，我身体好，不怕。”邢锐多次主动请缨，要求参加湖北疫情的重症救治。当他成为广东省对口支援荆州医疗队第一批专家驻守荆州前方指挥部时，更是毫不犹豫要求把自己派到荆州新冠肺炎疫情的重灾区洪湖市。他说：“洪湖危重病人占了荆州市的四分之一，医疗资源

匮乏，只要洪湖解决了，荆州就好解决。”组织上批准他的请求后，他当即带领团队转战洪湖，带去了重症救治的医学前沿理念——“只有气管插管和有创通气，才能把生命握在手中”；同时，也带去了在ICU病房与病毒“贴面”搏斗的成功经验。

16日上午，一对“大黄”身影出现在洪湖市人民医院ICU。这件黄色的正压防护服正是邢锐从广东带来的“精锐武器”，它不仅让医务人员在进行抢救、插管等高危操作时，能得到更有效的防护，而且只需更换呼吸过滤器，便可重复使用，及时缓解了当地防护服数量不足的难题。

当天下午4点，广东援荆州医疗队在洪湖市人民医院进行了一场长达两个多小时的“生死时速”转运，将10名危重患者从普通传染病房转移到重症监护室。邢锐坚持全程参与这种重体力活儿，虽然两个病区之间相隔仅300多米，但过程中没有转运呼吸机支持呼吸衰竭的患者，意味着危重患者在转运期间时刻面临死亡风险。

面对疫区的有限条件，腰部曾做过手术的邢锐，坚持和医疗队的队员们一起搬运病床，组装仪器设备，转运危重患者。“我们要靠前，向前冲，就是为了及时救助患者。”他每天进病房查房，了解患者病情变化，评估治疗效果，还经常会诊重症患者，护送患者做CT。队友们心疼他，每次劝他休息时，他都说：“看到病人痛苦心不安，我内心有很强的失落感。”

## 不畏风险救患者

邢锐作为广东省新冠肺炎患者的省级定点收治医院的重症专家，在重症救治领域有着深厚的工作经验，到达洪湖的第一时间便迅速展开工作。

为提高新冠肺炎患者的治愈率、降低死亡率，邢锐向当地领导提出了改造重症病房的建议，得到了领导的大力支持。之后，他与院方一起改造病房，不到 48 小时就完成了改造，优化了诊疗流程，避免了交叉感染的风险。抵达的第 3 天，他亲自为 2 名病情危急的重症患者实施插管手术，成功挽救了患者生命。“第一例插管有很大风险，我要自己亲自做，以消除大家的恐惧心理。”在抢救一个个危重患者的紧急关头，他都是第一个穿上防护服，第一个上前作业，用专业的急救能力，赢得一场场生死较量的胜利。

在转运一位 80 多岁危重患者的时候，邢锐和 5 名队员刚把他推出电梯，患者的氧气饱和度就刷刷地往下掉，大家吓出了冷汗。作为一名重症医学老兵，邢锐当机立断，“往前冲，搏一搏”。队员们一边拼命地按压人工气囊，一边推着患者全速奔跑，七八分钟后，终于在危险发生前一刻，把患者送进了 ICU，接上呼吸机。直至将 10 名危重患者全部安全转运，医疗队队员才缓过神，瘫坐下来，厚重的防护服里面已是全身湿透。邢锐在缓缓靠墙休息的空当，眼睛依然紧紧盯着监护仪上的数据，没有丝毫懈怠。

从零开始重整病区，到治疗路径越来越清晰，邢锐团队的默契程度越来越高，争分夺秒地提高危重症患者的治疗成功率。在他的主导下，省二医重症医疗队骨干力量 13 人随后转战荆州（省二医第四批驰援湖北医疗队），与邢锐团队会合，接管洪湖市人民医院重症监护室，啃下了最难啃的骨头。他们“靶向”精准支援重症病例救治，短时间内大幅降低了洪湖地区新冠肺炎患者死亡率，在荆楚大地形成了“广东打法”。3 月 5 日，洪湖市实现了危重、重症患者清零。邢锐团队的责任担当与专业精神得到了“南方医科大学南方医院驰援湖北荆州医疗队”全体队员的一致认可，都说“他是医疗团队的灵魂带头人”。

# 心理治疗紧跟上

“我们挽救一个人的生命，可能更是挽救了一个家庭。正因我们责任如此重大，我们更要尽全力救治患者。”对于病危的患者，邢锐经常守在床边，时刻关注患者的情况，即使很晚了也要过来看患者，很多时候连家属都放弃了，他也要坚持到最后，直至患者转危为安。

平日里，邢锐对重症患者的照顾更是细致入微，让患者感知到医者对生命的爱与尊重的力量。重症病房里，不少人情绪掉入冰点，失去了治疗的信心与生命的希望。一天，他从 ICU 外的监护视频里，看见一位 84 岁老太太愁眉紧锁，闷声不乐，便跟年轻医生说“她心里一定不舒服”。随即，他穿上防护服，来到她的床

邢锐在给团队医生传授败血病（浓毒病）的诊治知识

边，俯下身子，轻言细语地问：“老人家哪里不舒服呀？”没想到，老太太说了一句：“我想死。”他知道，老太太这是在闹情绪，身边没有家人陪护，心里不爽，便开导她：“您放心，虽然您的家人不在身边，但我们都在陪着你。我们会尽最大努力帮助你……”邢锐的话说到老太太心坎里了，脸上的愁容舒缓了，微笑着向他挥了挥手：“你们去忙吧。”

查房结束离开ICU前，邢锐忍不住又去看了看老太太。此时，老太太心情平和，已经安稳入睡了。“ICU的查房有点特殊，我们一定要跟患者交流，让他们知道自己时刻被关注，感觉自己是安全的。”邢锐总不忘跟大家分享经验，“要多跟患者说说话，不要让他们丧失语言能力、吞咽能力和咳嗽能力。这是ICU医生跟患者的交流方式，也是特别的工作方式。”

作为ICU的医生，邢锐说：“我们的责任重大。进来ICU的患者，可以说是已经游走在鬼门关前。怎样把患者从鬼门关前拉回来，就看ICU大夫多年累积的经验和责任心了。”在这个责任重、休息少、常失眠的岗位上，邢锐已经孜孜不倦地辛勤耕耘了近30个年头。

这些年来，一些医生实在顶不住ICU的高强度工作纷纷转岗，而邢锐却一直坚持着，初心不改，医者仁心。他体会到，关心患者的睡眠、疼痛、焦虑、营养、脾胃等问题，就能减少患者的意识错乱、肺部感染、血栓性疾病等医学并发症。“只有把这些基础工作做好，才能把高精尖的医学工作做好。”他常常嘱咐夜班人员尽量减少声光刺激，给患者一个安静和舒适的睡眠环境。对于病危的患者，他经常守在床边，给予陪伴与鼓励，让患者重新燃起生活的斗志和希望。在漫长的治疗过程中，他经常会抚慰家属焦虑的心情；对于焦虑的患者，他经常到床边跟患者交谈，给予开导和鼓励……

邢锐（右一）及团队成员在洪湖抗疫留影

正是这一句句的鼓励与帮助，一次次的陪伴与守候，让患者在生死之间战胜恐惧，重获新生。

“治病医心，越简单的事情越要用心做好，有时往往会起着关键作用。”千方百计抢救每一个生命，努力救治重症患者，邢锐的举动感染着每一个队员、每一位患者。

## 一路前行不褪色

疫情发生以来，邢锐一直关注对危重症新冠肺炎患者的治疗，做出了“以重症医学科或综合 ICU 医生为主体的救治工作就能有效减低死亡率”的科学判断。在广东省第二人民医院，危重症患者主要由邢锐领队负责指导治疗，或根据病情转重症医学科治疗。

除了在ICU与死神展开生死搏斗，邢锐还曾化身“慈爱”核酸采样员，再次出征一线，支援核酸采样。“昨晚紧急收到通知，我们今天早上7点多就出发了。我是一名30年党龄的老党员，支援核酸采样责无旁贷。”在海珠区愉景雅苑社区，即使穿着严严实实的防护服，戴着严实的防护面罩，邢锐还是掩饰不住眼睛里疲惫的神情。作为省二医ICU的顶梁柱，他日夜都在为重症患者操心奔忙，睡眠不足也成了一种常态。在他的日程里，没有双休日，也没有节假日。

“核酸采样的工作其实很轻松，一张嘴，一伸棉签，就完事了，很简单的。”见惯了生死大事，邢锐对其他事情都轻描淡写。即使遇到不配合的市民，他也没有不耐烦的情绪，言语间既温和又坚定。也许感受到了他的特殊气场，很多家长都带着小朋友来邢锐这边排队。小朋友们第一次面对核酸采样，难免有些恐惧情绪，常常是“金口难开”。不过，邢锐自有一套哄孩子的方法。

一上来，他就先给小朋友吃一颗“定心丸”：“很舒服的，不难受的！”等到小朋友愿意微微张开嘴，他就立刻鼓励：“太好了，就是这样！”然后，自己打个样，做出下巴上扬的姿势，让小朋友模仿他。“往上扬，往上扬，对！”这样，往往一采即中。采完后，还不忘鼓励小朋友：“好了，你很棒！”

30多年的军龄和党龄，锻造了邢锐坚毅的性格和不惧困苦的精神。他已将奉献作为一种习惯，任何时候都停不下来。7月份，广州市卫生健康委下达了开展东西部医疗扶贫协作“5+2”模式，组团医疗帮扶贵州黔南州等地医疗机构的任务。邢锐才下“疫”线又上扶贫一线，主动请缨帮扶贵州医疗机构。他认为：“要舍得拿出真技术支持西部地区医疗机构，为当地打造一支留得住、能战斗、带不走的医疗专业人才队伍。”于是，在黔西南腹地瓮安县人民医

院重症医学科病房内，又多了一个忙碌的身影。

虽已脱下戎装，但邢锐的军人本色早已入骨。回到医院抗疫一线，他坚持严格要求自己，为医护人员做表率，以实际行动诠释一名党员、一名医者的责任与担当。“白衣誓言，经得起战火燃烧。”战“疫”一线，作为“老兵”的邢锐用行动点燃必胜的决心与力量。“做医生要有责任感，做ICU医生更加要有奉献精神。”这是邢锐主任一直以来常对团队说的一句话。

## 作者简介

陈淑华，女，高级政工师，中山大学中文硕士，广东省第二人民医院党委办公室党建科副科长，参与编辑《“胸”怀天下 “医”心为民——中国第一家胸壁外科党支部建设纪实》等书籍。

# 好口碑是“最美的军功章”

甘　洁

姜凤朝

主人公小传

姜凤朝，河南驻马店人，副主任医师。毕业于中国人民解放军第一军医大学，长期从事儿科临床工作，擅长治疗支气管哮喘、肾病综合征、反复呼吸道感染、免疫功能低下、小儿厌食症等。抗击“非典”期间，因贡献突出，被广东省委、省政府记二等功，被广州市委、市政府授予“广州抗击非典标兵”称号。多次被所在医院评为“优秀共产党员”“先进个人”等。

从戎，保家卫国；行医，救死扶伤。

40年前，他实现从军报国梦，踏入了人民军医艰苦奋战卫勤保障的战线，扎根基层服务部队官兵群众，深植“真诚热爱人民”的军民鱼水情谊。

24年前，他换下一身戎装，作为退役军医把全部情怀和精力倾

注到救死扶伤、治病医心上，坚定“一心向着群众”的情怀信念；在紧要关头面前，他重返战位，历经考验，毫不犹豫冲锋在抗击“非典”、抗击“新冠”第一线，践行“生死相依、性命相托”的铮铮誓言……

2022年，广东省第二人民医院儿科副主任医师姜凤朝从军行医已经是第40个年头，青丝变白发，戎装换白褂，不变的是军人的忠诚本色和医者的仁心仁术。在他的心中，“退役军医”是一份初心见证、一身责任担当、一生使命传承，无论戎装是否在身，赤诚为民的军人本色早已融入血脉，老百姓的好口碑是“最美的军功章”。

## 一

1963年，姜凤朝出生于河南驻马店的一个贫苦家庭。“那时，想法很单纯，既想当兵，还想学医。”怀揣着儿时的从军报国梦，1982年夏天，他如愿考入中国人民解放军第一军医大学军医系。“父老乡亲都倍感光荣，都支持我去当军医。”姜凤朝说。就这样，他揣着家里借来的30元路费，踏上了南下广州的求学路。5年后，他如期毕业，被分配到团卫生队工作。

“军医首先是军人，之后才是医生。在连队锻炼的那段时间里，我们刚从军校分配来的军医每天与战士们一起出操、拉练、演习。”虽然时隔30多年，可他回想起与基层官兵一起“摸爬滚打”的日子，仍记忆犹新。他说，在长途拉练时，脚底磨出了泡，但一想到还有带伤训练的官兵，这脚泡真不算什么。姜凤朝感慨良多，连队锻炼期间的所见所闻让他深受教育。严明的纪律、优良的作风、强烈的团队意识、时时处处创先争优的精神，给他打下了深深

姜凤朝在第一军医大学留影

烙印，也更加坚定了他服务官兵的自觉意识。“人民子弟兵是最可爱的人，作为军医，我们要为子弟兵的身体健康提供切实保障。”

在姜凤朝心中，军医不仅要救治伤员，还要善于做思想工作，最大限度激发官兵的练兵习武热情。一位刚入伍的新兵训练受伤，姜凤朝在为其治疗的过程中感到这位新兵情绪不高，满腹心思的样子，与他促膝谈心后，得知他刚来部队还不适应，觉得部队生活单调、严格，姜凤朝便主动在进行治疗和观察期间做他的思想工作。“参军入伍是义务是责任，更是一种荣誉，年轻人经受磨炼、吃点苦头才能成长进步。”通过一番深入细致的谈心，这名新兵端正了思想认识，很快适应了部队生活。

姜凤朝不断成长进步。在磨砺临床专业技术能力的同时，牢固树立起了呵护官兵、服务百姓的意识。一次到大别山革命老区拉练的经历，让他至今难忘。“解放战争时期，刘邓大军千里挺进大别

山，老区乡亲们奋勇支前，军民鱼水情意深。时隔多年，当我们走进百姓家中时，他们即使生活艰苦也待我们十分热情，这份鱼水情很打动人。”姜凤朝说，这令他更加坚定要心系老百姓的信念，鞭策他常为群众进行义诊。“老百姓和人民军队情谊深厚，他们信任军医、信任军人，有责任有义务以救死扶伤的仁心大爱守护他们的健康。”无论戎装是否在身，他都十分珍惜“人民军医”这个响亮称号，牢记初心，不忘使命，坚持高标准、严要求为人民群众服务。

## 二

1988 年，姜凤朝转入原济南军区 155 医院儿科工作，6 年后，他到人民解放军第 177 医院（现广东省第二人民医院）儿科任职，直到 1998 年，医院集体转业，才脱下穿了 16 年的军装。虽然满是不舍，但他心里明白，无论是否穿着军装，退役军人的血液里流淌的依然是军人的基因。

“哪里有需要，我的战场就在哪里。”作为一个多次参加过卫勤保障任务的退役军医，姜凤朝积累了丰富的临床经验，并做好了时刻冲锋陷阵的准备，在不同的战场接受考验。

2003 年“非典”来袭，除夕夜，值班的姜凤朝接诊了医院第一例疑似“非典”的患儿。“血氧饱和度持续下降，呼吸困难，肺部 CT 发白……”当时，患儿的病情危急且不明朗，姜凤朝一天连着跑去患儿的病房 20 多趟，时刻关注情况变化并给予积极治疗。“当时，我们还没有听说过‘非典’，琢磨不清这个患儿的病情，心里很纳闷，也很着急。”姜凤朝说。直到下午接到卫生厅的紧急通知后，对照“非典”的症状表现等，他发现这个患儿的情况非常符

合，便当即处理好患儿转运到定点医院治疗的事宜。“虽然那顿年夜饭没赶上，但心里的一块石头落地了。”

“人民军医勇挑重担，敢打硬仗，越是紧要关头，越是需要我们去挑重担。”姜凤朝深知自己与“非典”患者的这种“零距离”接触会有怎样的危险，但他没有半点犹豫和退缩，第一时间投入救治一线。他说：“作为一名党员、退役军医，只要党和人民需要，我就有责任冲在最前线。”科学防护，细致检查，与患者深入交流，制定出科学的救治方案……那些日夜奔忙的“抗非”经历，令他难忘。“抗非”期间，他在医院组建专门收治“非典”患者的感染三内科，在救治一线坚守 50 多天，治愈 30 多名“非典”患者。作为主管医生，他还曾负责治疗病情危急的“非典”患者。一名中年男性患者感染严重，刚入院时呼吸困难，缺氧严重，经过会诊，确定了治疗方案。为了尽快帮助该患者脱离危险，姜凤朝经常在查房、观察患者病情的同时，向呼吸科的同事请教学习，力求每一项治疗都更加精准到位，这些都被同事和患者家属看在眼里。经过两周的悉心治疗，该患者脱离了危险，患者家属十分感激，表示要给姜凤朝 2000 元的红包表示谢意。姜凤朝把患者家属塞的红包推了回去。他说：“顶住风险救治患者是医生职责所在，顶住诱惑拒收红包更是医生要秉持的职业道德。”

2020 年，面对突如其来的疫情，姜凤朝做好了随时应战的准备。当得知医院成为广东省新型冠状病毒肺炎收治定点医院时，他第一时间响应号召，在儿科门诊抗疫一线坚守 53 天。对他来说，听党指挥、迎难而上，是退役军医的忠诚底色。

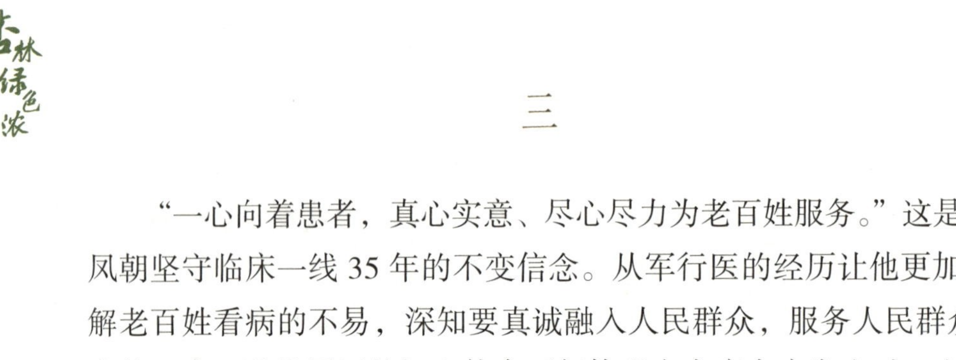

三

“一心向着患者，真心实意、尽心尽力为老百姓服务。”这是姜凤朝坚守临床一线35年的不变信念。从军行医的经历让他更加理解老百姓看病的不易，深知要真诚融入人民群众，服务人民群众。在他心中，退役军医的初心使命不仅体现在大病大疫发生时，也落实在日常细微处。

儿科有患者多、涉及广、病情复杂、工作强度大、季节性强等特点，经常出现挂不上号的情况。加号，是姜凤朝每次出门诊的常态。“只要患者有需要，我尽量都给加号。”这样，一周5天门诊，晚点下班回家也就成了他的常态。最多一天门诊接诊了127名患者，没时间喝水、吃饭、上厕所。对他来说，多接诊几名患者，让患者早点摆脱病痛困扰，幸福大过辛苦。

离患者更近一些，是姜凤朝多年形成的“职业习惯”。“儿科比较特殊，孩子生病往往很难表达清楚症状和感受，拉近与患儿及家长的距离就变得很重要。”一方面，姜凤朝耐心与患儿沟通，为患儿进行检查，并根据多年积累的临床经验，结合患儿的精神状态等判断病情，处理并发症等；另一方面，面对焦急的家长，他反复安抚情绪。“请相信我，我们一定帮忙想办法，尽最大努力一起把孩子治好。”一番交心过后，诊室里的气氛很快就会变得平和温暖起来。他说：“与患者拉近距离后，掌握病情就会更详细一些，治疗起来也更有针对性。”

医者，人民生命之所依，百姓健康之所系。在他看来，当好医生必须有赤诚为民之心，“始终将患儿的治疗放在第一位”。此前，姜凤朝接诊了一名突发高热抽筋的患儿，送到医院时脸色发紫，呼

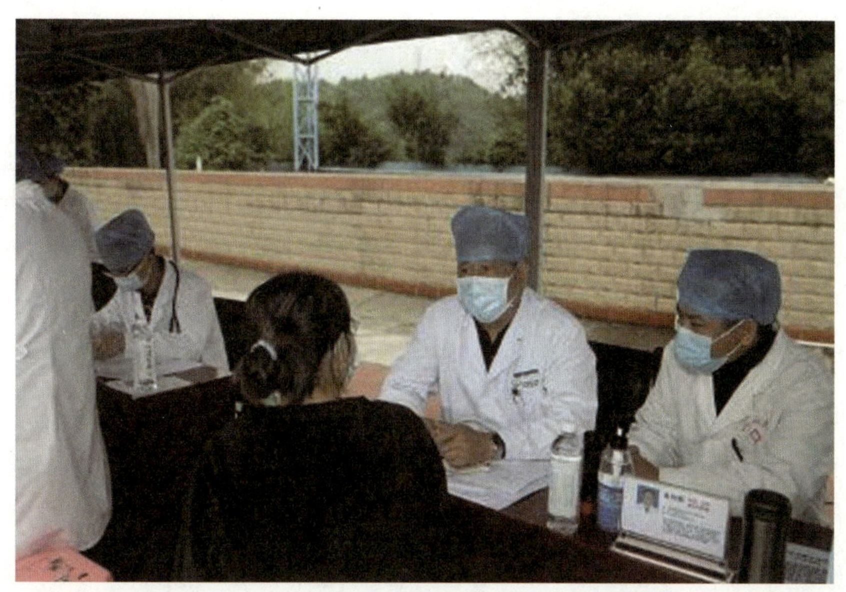

姜凤朝（右二）下基层为群众进行义诊及健康宣教

吸骤停，情况紧急。当他得知这个患儿被父母抛弃，是邻居帮忙送来看病时，没有丝毫犹豫，立即为患儿进行心肺复苏等救治。“不用挂号缴费，先救孩子。”姜凤朝一句话让慌乱的邻居镇定下来，患儿也在及时的救治下很快恢复呼吸，并接受住院治疗。面对病情危重、家庭经济困难的肺炎患儿，他投入大量时间和精力与患儿家属谈心，打消家属因担心难以支付住院费用而放弃治疗的念头，并在制定治疗方案的同时，将治疗费用尽可能缩减，争取用最少的费用为患儿治疗，最大程度缓解患儿家庭的困难。

“患者省心，我放心。”为了让患者更省心、更快地得到专业救治，姜凤朝坚持亲自带患者去会诊的习惯。“有些患者病情复杂，涉及多学科诊治，有些患者经过诊断需要去其他科室就诊。”姜凤朝说。只要有空闲，他就会自己带着需要会诊或者转科的患者去相关的科室就诊。

新冠肺炎疫情期间，姜凤朝接诊了一位腹痛的女初中生，经

过问诊，考虑患者需要去妇科进一步就诊。他了解到女初中生的母亲正在外地支援抗疫，无法带女儿前往妇科就诊。与初中生母亲沟通后，他带着患者前往妇科就诊，并向接诊医生说明其病史等情况，使女初中生得到了及时诊治。“有些患儿是长辈带来就诊的，年纪较大，不清楚怎么找相关的科室，东奔西跑消耗掉很多不必要的时间，耽误患儿的救治。”在他看来，只要能减轻患者负担，方便患者就医，即使自己多跑几趟也是值得的，“我们要对患者负责到底”。

“治病，也要医心。”姜凤朝说。面对复杂的病情，患者和家属往往情绪低迷，医生要帮助他们重新燃起治愈的希望和信心。“我接诊过一位自闭症患儿，患儿七八岁了还不愿张口说话，没有叫过爸爸妈妈，家长每每提到孩子就泪流满面。”姜凤朝在为孩子进行治疗的同时，一直关心其在特殊医疗机构治疗的情况，鼓励孩子和家长建立信心，“有时候会和孩子家长通电话，说说最近的情况”。

在他眼中，医学是一门用心灵温暖心灵的科学，做到“一心向着患者”，需要尽心尽力用真诚温暖患者。遇到家长主动要电话，姜凤朝没有因担心打扰休息和出现医患问题而拒绝。“有些孩子生病了，家长外出不在孩子身边，会打电话咨询。”姜凤朝根据患儿病情给出初步的处理建议，并安抚家长焦急的情绪。除了每周 5 天出诊，他经常在节假日休息时间甚至夜晚接通家长的电话，义务进行解答。在与患者沟通的过程中，姜凤朝除了给出治疗建议，还会根据患儿情况提供相关的预防建议、营养指导等。对于一些处在叛逆期等的特殊孩子，姜凤朝还会与孩子和家长就教育、心理发展等进行交流和指导。在阳山、广宁等基层贫困地区为群众义诊期间，姜凤朝还会主动与当地卫生院、义诊群众建立联系，平日里只要群众有需要，便及时给出建议和指导。

“只有不辜负信任，才能赢得患者的好口碑。”多年来，姜凤朝多次被医院评为“优秀共产党员”“先进个人”，很多省内外甚至海外的患者慕名前来治疗，他收到了许多患者及家属的感谢信，还有不少患者将他当作知心朋友。

医者仁心，就在这样一些细节中悄然流露。退役军医的为民情怀，也在一件件小事中传承。姜凤朝每年带教进修医生、规培医生，除了教授儿科常见病、多发病等专业知识，他更注重医德医风的言传身教。听诊器里有良心、手术刀里含真情、处方权里鉴品行……平日里，他经常利用休息时间和年轻医生面对面教学，把临床经验传授给他们，也教育引导他们学习弘扬人民军医的优良传统，永葆为民服务的初心本色。

一声军医，一生许党，一心为民。姜凤朝回想自己 40 年从军行医的经历，无论是在基层部队为官兵们解除疾病困扰，还是抗疫关头白衣执甲果敢逆行，临床一线倾心尽力守护生命，他坚信勇挑重担冲锋在前，赤诚为民治病医心，是退役军医一脉相承的精神风骨，是退役军医初心使命的生动诠释。金杯银杯不如百姓的好口碑，好口碑才是“最美的军功章”。

## 作者简介

甘洁，女，安徽合肥人。现在广东省第二人民医院党委办公室党建科从事党务工作。

# 心有国防绿

欧阳文莺

唐迎红

## 主人公小传

唐迎红，湖北襄阳人，主任护师。毕业于原广州军区军医学校护理专业。先后任广东省第二人民医院心血管科、介入科、内科片区护士长，广东省护理协会介入专委会副主任委员。长期战斗在临床护理一线，曾参加抗击“非典”，被广东省人民政府记二等功，被评为“广东省优秀护士长”。2020年2月，主动请缨前往荆州洪湖抗击新冠肺炎疫情，担任抗疫医疗队队长，支援洪湖市人民医院重症病区，累计收治患者345例，痊愈出院332例，确保了全体医疗队员“零感染”。入选首届“广东最美退役军人”。

“家乡有难，我觉得我有责任带头站出来！”

“我从来没有考虑我的年龄，我觉得我很年轻，心态也好，喜欢新事物！”

她仍然觉得当时的选择，一切顺其自然，一切都是最好的安排！

这是身材高挑，已过知非之年的退役女军人唐迎红的心声。

即使年过半百，但一旦祖国召唤，她依旧毫不犹豫地挺身而出。在 2020 年初武汉疫情最严重危险的时候，请战前往于她也是那么自然，那么轻描淡写。在她身上，你看不到一丝年迈，也看不到女性的柔弱胆怯；你越了解她，越能鲜明地感受到她的年轻、锐气，越能欣赏她丝毫不逊男儿的飒爽干练。

## 召唤的号角

“紧急通知，医院将派出医护人员驰援湖北荆州，请各科选派 2～3 名高年资护士或者护师以上，工作 10 年以上人员，必须是会使用呼吸机的。马上报名上来。谢谢！”

2020 年 2 月 10 日，元宵节刚过几天，广东省第二人民医院一份紧急通知吸引了所有人的视线，也令抗疫战线这池沸腾的水翻滚得更厉害了。

唐迎红深藏的担心与焦虑终于爆发，武汉疫区水深火热，疫情已经蔓延到了全国，但医疗战线的人更关心疫情控制的情况。大年三十，广东省卫健委紧急抽调医护人员支援武汉。广东省第二人民医院先是抽调 7 名医护人员，紧接着第二批、第三批，现在抽调第四批，13 名医护人员名额，着重强调是懂得重症救护的医护人员。可想而知，此次去的医护人员不但战斗在第一线，而且是攻坚中更难的那一线。

老实说，对这个制造了无数恐慌的新冠病毒，很多医疗战线的人也很是忐忑不安，犹豫不决，心生恐惧。

唐迎红第一个向医院请缨，她说："我去，我是湖北人，我一直想为家乡做点事情，现在正是家乡父老需要我的时候！"为等待这次支援的机会，她已早早取消了春节与父母团聚的约定。

唐迎红被任命为广东省第二人民医院第四批驰援湖北医疗队领队。

做出一项生死攸关的选择，并且进入备战前的等待，是一种难言的煎熬。2月21日，第四批医疗队员提着简单的行李，奉命集结于白云机场，与省里各地赶赴过来的队员一起直奔湖北荆州。

飞机落地宜昌，这100多人就感受到从十几度的广州来到零度地方的温度落差的可怕，寒风冷得刺骨，大家都紧缩在羽绒服里。从宜昌到荆州是一个小时的中巴路程，一路上阴雨绵绵，灯光黯淡，以前繁忙的高速公路看不到车辆，零星出现的几个人影是警察同志，远远地、默默地向医疗车队敬礼。

一片无声，一片悲凉。此时，湖北省很多城市都在静默之中。

来到荆州后，简短的欢迎仪式夹杂着培训，吃过便餐，因为疫情的发展需要，100多名医护人员又连夜坐4个小时的中巴赶赴疫情更加严重的洪湖医院。

唐迎红还记得，接机的领队反反复复地叮嘱大家要注意防护安全，要听从指挥。接人的司机大哥松了口气说："幸好你们来了，要不然医院就要瘫痪了。"

洪湖医院是当时湖北省抗疫前沿的重灾区，全院医护人员也有不少人感染，医护力量严重欠缺。临时改建的重症ICU是非常简陋的板房，八九名护士轮班6小时照顾几十名重症阳性患者。因设施简陋，出入口位置离极危重患者和死亡患者的进出口隔离得并不远，随时可见，加重了大家的紧张情绪。病区里面也显得异常安静、紧张，医护人员和病患的心都绷得紧紧的。

“不入山林，不知其深，身在其中，方知其险。”穿一套隔离服前后要花费 10 到 20 分钟，穿上有沉重的压迫感，行动很是不便。有一位有尘肺的技师刚穿上衣服进入病房，就呼吸困难喘不上气。他嘶哑地喊道：“我不行了，我好难受！”大家连忙给他吸氧缓解，帮他解开隔离衣送他出去。虽说每班工作只有 6 小时，但在病房里面不能喝水，不能吃任何东西，也无法上厕所，大冬天都能汗湿衣背。下班脱隔离服也是一项大工程，要顺位，要在专门的地点进行，有时也要等一个多小时才轮到自己。至于出病房后大家看着彼此脸上口罩、防护镜留下的深深勒痕和过敏性红斑就只能付之一笑。有的医护人员，因为冷刺激引起皮肤干裂，三天后手上就长出了冻疮。

唐迎红拿出自己的润肤露给大家使用，匀出个人预防护目镜压伤的敷料，送给患者使用防压疮，拿出奶粉、汤包给不合胃口的患者。她特别关注医护人员及病人的安全防护及心理健康，经常鼓励护士，互相打气加油。她说：“他们还这么年轻，在父母眼里还是个孩子，但在疫情面前，却成为挺身而出的勇士！我为他们感到骄傲。”大家都亲切地唤她“暖心大姐”。

2020 年 2 月份病房的医疗物质是非常紧张匮乏的，医疗用品是一名患者使用一套，离开时烧掉一套。医护人员在调配上需要克服许多困难。在进驻 ICU 的一个月里，唐迎红主动承担有创呼吸机辅助通气、CRRT 治疗、俯卧位通气等高危护理操作。在新冠救治中最担心的就是病患过多，医疗资源紧张，病房突然出现氧气压力不够，病人吸不上氧，有生命危险的情况，这时候重症科护士必须眼明手快地给患者接上呼吸球囊，人工操作给氧，并做好一切应急措施。

就这样，唐迎红和其他医疗队员一起，累计收治患者 345 例，

出院 332 例，创下荆州地区救治危重患者最多、死亡率最低的记录。

3 月中旬，收到将病人集中送到荆州收治的通知后，唐迎红带领大家一起用简单的方盘当盛水工具，用纱布沾了热水给很久没有擦浴的患者做了全身擦洗的工作。

离开洪湖的那天，大家默默地坐在车队里，看到一个个自发送别道谢的居民，每个人心中都涌上来感动和不舍，唐迎红为自己能为家乡人民做贡献感到自豪。

## 长空里飞翔

古人说，大智者，无论什么时候，都会发出自己的光芒。

唐迎红并不是一开始就让人刮目相看的。

时光倒流到 32 年前，军校毕业后的唐迎红被分配到解放军第 177 医院，兢兢业业地在急诊科当了几年护士，后转入较为轻闲的制剂科。两年后，护理部主任找到她："给你一个任务，去心内科

唐迎红工作照

当护士长，帮我把这个科室搞起来！”

这个时候，正是第 177 医院最艰难的时候，医院于 1998 年底正式从部队医院就地转为地方医院，大家都从部队退役转为地方，一连串的不适应与心绪不定交织着，各项体制上要与地方接轨，医院要发展，员工要生存，否则医院前景堪忧。借用当年医院吉政委的话来说：“不改变，医院员工会在市场浪潮面前被碾压得渣都不剩。”

1999 年唐迎红奉命走马上任，很快，心内科治理得风生水起。2010 年心内科医疗队伍空前发展壮大，分成三组，患者收治 120 到 140 人，常常人满为患，许多患者住不进来。几年后，心内科分成了四个大科，她也因受领导信任和护士爱戴，被选为片区护士长。

自与繁重的护理管理工作天天为伍后，唐迎红每天坚持 7:20 前赶到科室，主持临床交班工作，几十年如一日。有一天她还开玩笑埋怨当年的护理部老主任：“主任啊，你害了我一生！”主任就笑：“当年只有你最合适！”

护理部余主任说：“唐迎红性格稳重，不求安逸，能吃苦，能以身作则，能因人而异、因地制宜对护士进行言传身教，行事雷厉风行，气场强大，是天生的领导人选，我不找她找谁？”

护士长的工作从来都不是好当的，有人说小小的护士长就像“医院总理”一样，除了要求自身护理技术超群，关键时候在各个护理位置都能顶得上，还要管理科室很多事。患者、护士、医生、科主任、护理部主任、院长一旦有事找，她就要立刻在位应对；医患矛盾、护患矛盾、医护矛盾，解决问题不仅仅是凭威信，还很考验自身各项素质水平；工作上各类协调，纷繁杂乱。有时候加班忙完一天，深夜刚刚入睡，一个电话打来，值班护士生病发烧，某个患者病危急救，她除了及时协调处理，若实在夜深人静，无人可

唐迎红在报告会现场留影

以补缺调配时，她就开车从家里赶过来亲自替班，或者指导抢救患者。

唐迎红在心内科护士长位置一当就是 13 年。她的认真努力有目共睹，在她的管理下，整个科室拧成了一股绳，任何考试，科室都是领先者，是别的科室学习的榜样。曾有一个护士长在她的科室进修，唐迎红不吝指导，倾囊相授。有人提醒唐迎红说：“你那么认真干嘛，不知道‘教会徒弟，饿死师傅’吗？”唐迎红说：“我只知道学艺不精，害人害己，只要有人愿意学，我就愿意教！”这名护士深有感触地说：“唐护士长令我深深佩服！”

在平时各科室的协调中，唐迎红的认真细致也是出名的，她凡事都会多问几个为什么，做到有理有据。对收费中不明白的问题，她会专门请医保科的科长亲自带人来上课，让整个科室的人理解得更透彻，能更规范地处理问题。

2003 年，唐迎红带领科室抗击“非典”，荣立广东省抗击“非

典”个人二等功。2012 年，唐迎红转调介入科，组建新的护理团队，为医院打造出了素质更过硬的护理队伍。10 年来，她依旧几乎无休，一直战斗在工作岗位上。

2022 年，因为驰援湖北抗疫，唐迎红入选获得首届“广东最美退役军人”称号。

## 守护国防绿

在参军之前，唐迎红觉得自己没什么大志向，她是听着军号声，在部队大院无忧无虑地长大的。兄妹三人中，她是最受宠的老小，什么也不缺。她 18 岁去当兵，只是为了追寻一下父兄的足迹。

她的父兄都是长期在军队工作的现役军人。父亲因为工作多年一直与家人分居两地，常常是一接到命令就出差，一走就是好多天，真正让她明白了什么是军令如山，什么是奉献无悔。唐迎红觉得父兄的担当精神一直影响着她，大她 18 岁的兄长关注她的部队历程，经常与她联系，谆谆教导她。部队生涯里，战友之间学习、竞争，你追我赶的气氛激起了她的斗志。在获得一个又一个的连队荣誉后，她考上了军医学校，并且担任班长。她是学员队第一批入党的尖子生，在当年一帮佼佼者身边，她依旧耀眼，脱颖而出。谈到学生时代，她说：“也不知怎地，忽然就懂事了，变得努力了，变成了让爸妈放心的孩子！果然是当兵有用，改变了我。”

当兵是个契机，让内向的唐迎红变成了一个外向的、落落大方的人。

虽然因转业离开了部队，令她总有一些挥之不去的遗憾，但唐迎红始终守护着心中的那抹国防绿。

平时工作中她有一句口头禅：“咱们当过兵的人还怕这个？”

在唐迎红看来，作为军人和医护人员的双重使命感一直推动着自己冲往第一线。

“特殊时期，党员身先士卒，冲在前面是必须的，没有条件可讲！”唐迎红淡淡地说。

唐迎红被评为“广东最美退役军人”

千里支援湖北的医疗救治行动，唐迎红觉得对自己也是一个很好的成长经历和一次思想的升华。一个多月的救护工作中，她所见到的人所做的事，医护的精诚团结，让她对部队出来的医疗队伍的无私奉献有了更深刻的理解。

2021 年以来，广东省零星疫情多发。2022 年初，唐迎红带领医院 200 多名医护人员 3 次驰援深圳，每次都是全副武装，连续工作 2 至 3 天，然后疲惫不堪地回来。2022 年 10 月至 11 月，广州感染人数更是达到一个新高峰，广州打响了疫情消灭战。已有 30 年护龄的唐迎红多次带领队伍支援核酸采样工作。

广州天气燥热，有时气温高达 30 多度。采核酸地点一般在室外，身后有一个大风扇呼呼地吹，身前是长长的居民队伍等待着。一个身材高大的“大白”身着白色隔离服，身后用油笔写上两行字，上行是四个大字“广州加油”，下行是“唐迎红”。

她动作娴熟，采完一个，压下酒精搓揉双手消毒，居民依次上前，整个过程安静有序，忙而不乱，只过一会儿，便见她后背浸湿了一大块。换班后她脱下湿透的防护服，使劲甩甩胳膊，超量机械式的重复采样动作，早让她胳膊酸痛抬不起来。

这只是唐迎红 50 多个采集核酸现场中的一个剪影。

2022 年 11 下旬，广州海珠区疫情加重，广东省第二人民医院只专收治新冠阳性患者，整个医院成了感染区，唐迎红义不容辞，又带着护理团队进了隔离病房……

“召之即来，来之能战，战之能胜。”如山指令，令行禁止。只要心有国防绿，哪怕是退役军人，也能使荒野戈壁长出芬芳的花朵。

唐迎红自己不觉得做了什么了不起的事情，但知道她的人，都会称赞她“不愧是新时代里最美退役军人”!

## 作者简介

欧阳文莺，女，湖南常德人，医护工作者。现在广东省第二人民医院工作。原创微电影《阿布》，获羊城“最佳公益奖”，广东省医院微电影一等奖。

# 解甲犹怀战士情

查冠琳

田碧文

主人公小传

田碧文，湖南岳阳人，主任技师，广东省中医院医务处副处长（医院感染管理办公室主任）。多次参加国家突发公共卫生事件院感防控工作。2003年参加抗击“非典”，荣获广东省及广州市“抗击非典先进个人”称号；2008年参加汶川地震抗震救灾广东医疗队（院感专家队），荣获“抗震救灾先进个人”称号；2020年，被中共广东省委、广东省人民政府评为“广东省抗击新冠肺炎疫情先进个人”。

军人最美的模样是什么样子的？是听党指挥、服务人民的忠诚奉献，是执锐披坚、不屈不挠的勇敢无畏，是临危不惧、冲锋陷阵的战斗血性，是退伍不褪色、退役不移志的军人情怀……

田碧文，广州中医药大学第二附属医院（广东省中医院）医院

感染管理办公室主任。60 岁的他，是一名共产党员，也是一名退役军人。1995 年，他从重庆医科大学检验系硕士毕业后应征入伍，就职于第一军医大学第二附属医院（珠江医院）感染科。2002 年转业至广东省中医院。无论是抗击“非典”，还是抗震救灾，抑或阻击“新冠”，他屡次主动请战，冲在守家卫国的最前线，为守护人民群众生命安全和身体健康筑起坚实的院感防控“盾牌”。

征程万里，初心如磐。田碧文已年近花甲，而在部队里积淀的本色、升华的境界、铸就的刚强，已然融入血液之中。

## 请缨逆行

田碧文经常说：“我是一名共产党员，曾经也是一名军人。只要祖国需要、人民需要，我随时准备出征！”

2003 年，“非典”来袭，重任压顶。他沉着应战，全程工作在临床一线，每天参加医院重症患者的会诊，还协助兼顾医院的感染防控管理工作。

2008 年 5 月，汶川地震，险象环生。他踏着余震，随医疗队奔赴地震重灾区青川县抗震救灾，帮助县人民医院做好院感防控工作。

2020 年 1 月，新冠疫情，来势汹汹。当他看到广东省中医院党委发出援助湖北医疗队队员的招募通知时，再次挺身而出。他说：“我做院感快 30 年了，积累了一些经验。这次形势比较复杂，还是让我上吧。”

“关键时刻冲得上去，危难关头豁得出来。”作为一名退伍军人，不管是抗击“非典”、抗震救灾，还是抗击新冠肺炎疫情，田碧文都以不变的初心、矢志报国的情怀，屡次主动请缨。用大家

的话说：“哪里有危险，田碧文就出现在哪里，他就是‘疫’线逆行者。”

## 奋勇担当

“党员要起到先锋模范作用，越是危险时刻，越要奋勇当先。”田碧文始终以党员先锋的标准严格要求自己，无论是否穿着军装，退役军人的血液里流淌的依然是军人的基因。

2008 年，四川汶川发生 8.0 级大地震，举国震惊。医院党委发出奔赴灾区抢险救灾的号召，全院医务工作者踊跃报名请战。田碧文更是冲锋在前，加入广东向灾区派遣的第一支抗震救灾院感医疗队，奔赴一线。

起步就是冲锋时，转身就是战斗岗。田碧文一行徒步踏上征程，深入灾区青川县。一路上的景象让人不寒而栗，到处可见山体滑坡，多处道路塌方，山上不时滚落石块溅起一阵阵烟尘。双车道现在只能单向通行，而且有十几公里的道路已经被撕成碎片或完全被塌方掩埋。狭窄坑洼的道路，一边是摇摇欲坠的山体，一边是望不见底的深渊。顶着随时塌方和泥石流的危险，在不时发生的余震中，田碧文随医疗队硬是穿过了堪称“死亡地带”的危境。

青川县地处四川盆地北部边缘，历来属于地震频发区。由于地震的原因，气候反常，田碧文和医疗队队员把帐篷搭在麦地里，白天忍受着艳阳高照的 40℃高温，夜里顶着刺骨寒风，穿上羽绒衣还觉得冷，只好和大家挤在一起取暖。他用自己的专业知识，为灾区的临时医院做好消毒隔离及传染病预防工作，阻止大灾后传染病疫情暴发流行。他立下铮铮誓言：“绝不让青川县人民医院临时医疗点发生医院感染流行和暴发传染病，不放弃、不抛弃每一个伤员，

广东省抗震救灾医疗队（左三田碧文）合影

只要有一线希望也要抢救到底。”

重灾现场，余震不断，但田碧文忙碌的脚步片刻不停。他在乡镇穿梭防疫，在残垣断壁间巡查伤员；他在山体滑坡、滚石不断的崎岖山路上搜寻物资，用从废墟中抢出的仅有的消毒药械，保障医疗器械的消毒灭菌。地震来了，他和队员们冒余震，顶飞石，以他的血肉之躯和铮铮铁骨托起国家和人民的嘱托，救灾民于水火，抗击自然灾害！

大事难事看担当，危难时刻显本色。生命对于每个人来说只有一次。医护人员同样珍惜自己的生命。但在危难时刻，他们首先选择了守护患者的安危。在这次地震灾害中，正是有如他们一样的一大批医护人员勇担重任，冒着生命危险不懈救治，才挽回了更多的鲜活生命。

12 年后，田碧文再次踏上驰援武汉的列车。他说，这是责任，

也是初心。记得2020年1月27日中午，医疗队来到此次援助的湖北中西医结合医院。当天下午，张忠德副院长组织医疗队所有党员召开了第一次会议，号召共产党员要充分发挥先锋模范作用，带领队员们做好自身科学防护和患者救治工作。

援湖北医疗队队员进入隔离区。“我是党员，我先上。”田碧文为了消除大家的顾虑，穿着厚重的防护服，带头踏入隔离病区，迈出了“战胜新冠”勇敢无畏的第一步。白衣铠甲，冒死前行。他并不是无坚不摧，但他用尽可能大的光亮，点亮了灰暗的前路。朴实的瞬间，传递着无穷的力量。

“作为一名党员，一名退伍军人，我必须主动担当医者的责任，坚决打赢新型冠状病毒肺炎疫情防控战，为国家分忧，为群众健康保驾护航。”田碧文表示初衷如是。他以身作则，动员广大党员积极践行“我是党员我带头、我是党员我先上”的庄重承诺，以坚定的理想信念、强烈的政治担当共筑疫情防控的“铜墙铁壁”，打赢这场疫情防控阻击战。

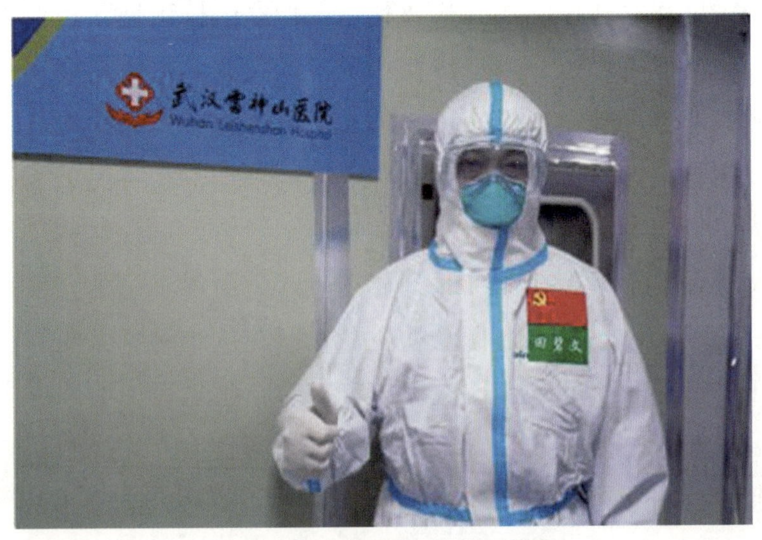


田碧文在武汉雷神山医院留影

# 闻令而动

踏上援武汉的列车，田碧文和医疗队队员一起，像冲锋的战士。他的内心，已经风起浪涌。他深深意识到，这是一场战役，一场新中国历史上规模空前的抗疫战斗。

17 年前曾经参加过抗击“非典”战役的他，深知感染防控工作的重要，只有保护好战场上的战士，才能保证他们更好地救治患者。面对肆虐的新冠病毒，他向医院领导立下“军令状”：保证将队员一个不少、平安健康地带回家！

医疗队队员要进入战场，要面对阴险狡诈的“敌人”，必须做好科学防治。面对“敌人”病毒，面对病患者，必须采用灵活战术，逐个击破。在打败“敌人”的同时，要确保医疗队队员“零”感染和“零”传染。为夺取抗疫战争的胜利，医疗队进入阵地之前，必须切实上好“科学防护”第一课。第二附属医院先后派出 9 批共 88 名援助湖北医疗队队员，田碧文对每一名医疗队队员的要求是：“不培训，不上岗；无防护，不上岗；防护不到位，不上岗。”

隔离病区的空气，溢满了浓浓的消毒水味道，像硝烟，像雾霾。在到达定点支援的湖北省中西医结合医院后，田碧文立刻投入紧张而忙碌的工作之中，兵不卸甲，马不停蹄。

培训医务人员是他每天的任务。无论是针对本院及外院同批医疗队队员的强化培训，还是针对湖北省中西医结合医院新增病区内无传染病诊治经验的 50 余名医务人员的基础培训，抑或是应国家中医药管理局的邀请对陕西、天津、湖南、江苏、河南等省份 200 余名增援人员的提高培训，他都任劳任怨，不分彼此，尽全力提高医务人员的感控技能。

检查是他每天的重要职责。医疗队的每一位队员在进入隔离病区之前，其防护服及防护用品穿戴是否符合规范，都必须由田碧文亲自检查。

改善是他为受援医院医务人员提供的重要保障。建筑布局的改造、手卫生设施的完善、办公区域的整洁，田碧文都亲力亲为，为医务人员提供坚实的后盾，让他们更加安心地救治患者。

他，并非铁人，也知道疲劳；停不下冲刺的步伐，是因为心里的信念支撑着他，肩上的神圣责任激励着他，日日夜夜，风风火火，铿铿锵锵。

## 不老军魂

田碧文曾说："我是一名感染防控战线的老兵。军装在身，我是人民子弟兵；脱下军装，我依然还是个兵。"

新冠肺炎疫情暴发后，在疫情最重最急的湖北前线，他精准防控，与时间赛跑，奋战于这场防疫攻坚战，用责任和担当诠释着军魂。

生命重于泰山。疫情防控是一场"真刀真枪"的战斗，在与汹涌而来的病毒较量中，确保逆行而战的队友不被感染至关重要！田碧文给自己立下军令状，确保每一位队员不被感染，将队员们平安送回到他们的亲人身边，一个都不能少。

在战场上，只有保护好战士，才能让他们更好地战斗。面对肆虐的新冠肺炎病毒，他高标准严要求：每个医疗队队员，院感防控培训考核不合格绝不能上战场！

"病毒无孔不入，一定要确保防护口罩的密合性。"

"七步洗手法，一步都不能马虎！"

“外层手套必须要全覆盖防护服袖口！”

“脱个人防护装备时，每一步都要消毒！”

…………

在一场又一场院感防控培训中，在一次又一次医护人员防护用品穿脱考核中，田碧文尽管声音已然嘶哑，仍然千叮咛、万嘱咐；尽管老花眼看不清手机屏幕，仍然一字一句地给医务人员编写防控的温馨提示；尽管双腿站立得酸痛无比，仍然每天坚持在交班时宣讲院感知识，不间断巡查病区。他的一丝不苟与严格要求都是为了降低医护人员感染的可能性。

他说：“我很严格的，我这里没有情节，只有细节。每一个细节都要规范操作，才能最大限度地减少医护人员发生感染。”严格且雷厉风行的他被大家称为“病毒克星、铁血专家”。

“精准防控，严防死守零感染”，是田碧文的工作追求。

“医院正准备扩建新病区收治患者，隔离病房三区两通道改建，医务人员和防护物资的缺口压得大家喘不过气……”广东中医医疗队的“援兵”给武汉的医护人员带来了抗疫成功的信心。

如何确保患者生命安全，如何快速提升医务人员的防控能力，如何因地制宜优化感染防控流程……时间紧、任务重、人手少，重重困难不仅没有让田碧文退缩，反而激起他迎难而上的斗志。田碧文先于其他队员开始了紧张的工作。他严格贯彻“科学防治、精准施策”的总要求，对接管医院不尽合理的建筑布局设置进行优化改造，重新规划了新病区的医务人员通道，规范了穿脱防护服的流程，他还要求把手动出水式的水龙头换成自动感应式。田碧文对细节的苛刻要求让湖北省中西医结合医院的工作人员难忘。

田碧文用专业的力量，带领团队，通过一系列的努力，使得医院布局更加符合规范与要求，患者就诊更为顺畅流通，大大降低

医护人员感染风险，保护了医护人员的安全。他用行动诠释了军人风采，为患者、为医务工作者筑起一道道“防火墙”，撑起一把把“保护伞”。因此，他多了另外一个响亮的称号——“守护将军”。

田碧文（左三）在给医护人员明确个人防护要求

2020年3月30日，国家援助湖北第四支中医医疗队广东团队援助的雷神山医院C6病区清空，实现了零感染。武汉一线抗击新冠肺炎疫情工作取得阶段性成果，援助湖北医疗队陆续撤离的时刻，这位重压之下创造“零感染”的防控专家才松了口气：队员一个都不少地回家了！他表示，不忘医者初心、牢记守护百姓健康的使命，不仅仅是一句口号，更是作为医护人员的座右铭。

一朝入伍，便军魂入骨。脱下的是军装，脱不下的是“向前冲锋”的肌肉记忆，是“为人民服务”的铮铮誓言。无论是抗击“非典”，还是抗震救灾，抑或阻击“新冠”，他肩负着“军人”的使

命，屡屡请战，冲在守家卫国的最前线，为守护人民群众生命安全和身体健康筑起坚实的院感防控“盾牌”。

这就是田碧文，新时代的老党员。他忠实履行使命，在平凡岗位创造着不平凡的业绩，先后获得“抗击非典先进个人”、“抗震救灾先进个人”、“抗击新冠肺炎疫情先进个人”、“优秀共产党员”、“广州好人”、新时代“绣花精神”榜样、新时代“最美逆行者”等荣誉称号。这是他几十年如一日坚持不懈的回报，是他坚守奉献拼搏留下的印记，也是他刻在骨子里的军魂彰显出的气质。他以实际行动践行了“若有战，召必回，战必胜”的铮铮誓言，书写了新时代退役军人的责任与担当。

最美退役军人，美在哪里？美在一生都“立正”，本色从未“稍息”。田碧文始终坚持把祖国和人民的利益高高举过头顶。不论戎装在身与否，早已将个人梦想融入国家事业，正如纪录片《本色》所说：这本色是军人的品格，更是中华民族伟大复兴的无穷力量。

## 作者简介

查冠琳，女，江西婺源人。硕士研究生毕业于暨南大学新闻系，现在广东省中医院宣传处任职。先后发表作品 300 余篇，两次获广东省卫生计生好新闻评选活动一等奖。

# 脊柱外科手术“达人”

李晔至

曹正霖

主人公小传

曹正霖，湖南湘潭人，主任医师，医学博士，博士生导师，佛山市中医院脊柱中心主任，南方医科大学及广州中医药大学教授。中国医促会脊柱内镜分会委员，世界中医药学会联合会骨伤科分会常务理事，广东省医学教育协会脊柱外科分会副主任委员，广东省医学会脊柱外科分会常务委员，广东省医师协会脊柱外科分会常务委员。长期从事脊柱外科工作，开展大量脊柱外科手术。在核心期刊发表论文70余篇，主持参加省部级科研基金项目7项，获省部级科技进步奖一等奖1项、二等奖4项。

“曹主任为我90岁的母亲解决了腰椎间盘突出问题，让她能重新走路，我们一家人都很信任他。”7月初，在佛山市中医院骨一科（脊柱外科）的病床上，同样因腰椎间盘突出影响生活质量而采

取脊柱内镜手术的何先生激动地表示，该院脊柱中心主任曹正霖教授不仅技术高超，还谦逊礼貌，“我们为能遇到这样一位仁心仁术的医生而感到幸运”。

据悉，出生于1970年的曹正霖自小便有从军梦，高考时他毅然选择了军医的职业道路。自1988年考入第一军医大学成为一名军人，到2007年转业来到佛山市中医院，曹正霖成长为脊柱外科领域数一数二的“大拿”，但他那颗朴素的“匠心”却从未改变，“骨科的技术一直在更新，为了给患者提供更优质的服务，我们必须学在路上、做到实处、求精求善，方能无愧于心”。

## 一

20世纪80年代，就读高中的曹正霖听了一场对越自卫反击战的先进事迹报告会，深受震撼，更坚定了儿时的从军梦。1988年，他考入第一军医大学成为一名军人，硕博先后师从我国著名脊柱外科专家、原广州军区总医院骨科主任医师刘景发教授，中国现代临床解剖学奠基人、中国工程院院士钟世镇教授，开展脊柱外科的临床与科研工作。

据悉，脊柱外科中，四级手术（手术级别代表难度和复杂程度，四级为最高）量在骨科中占比最大，对技术含量的要求非常高。谈起选择该专业的初心，曹正霖坦言，自己喜欢挑战高难度。“脊柱是人体的支柱，不仅有运动支撑及安全保护作用，更是神经传导的中枢，对人的生存与生活均有举足轻重的作用。能够依靠自己的专业技能维护这一关键中轴，我感到重任在肩。”

而在求学过程中，曹正霖的天赋也逐步凸显。“我印象特别深刻，那是第一次单独值班，一个寰枢椎畸形经口咽减压手术患者，

术后曾发生了大出血。由于手术中非常专注，我对每个细节了然于胸，知道出血的部位，很快做了正确的止血处理，也规避了止血中可能出现的脊髓误伤。”这一细节也被当时的导师刘景发发现了，他特别称赞了曹正霖的专注与细致，并第一次提到了那句让曹正霖终身受用的教诲——“手术中医生的眼光不能离开手术野”。

经此一役，曹正霖对这一专科的学习更是充满了信心。而他也确实是学霸级人物，大学成绩名列前茅，硕士研究生入学的考试成绩位居当年外科片 400 多位考生中的第一名。两年后，他又以优异的成绩作为全校仅有的两人之一提前直升博士研究生，工作后更成了原广州军区总医院最年轻的副主任医师。

如果说，从刘景发教授的身上，曹正霖悟到了一名外科医生该有的精与专，那么从钟世镇院士的身上，他则参透了一名医学科研者的根与实。“在钟院士担任我博导期间，他常常告诫我们注重临床应用解剖的训练，解剖是手术的根基，有了好的解剖基础，手术

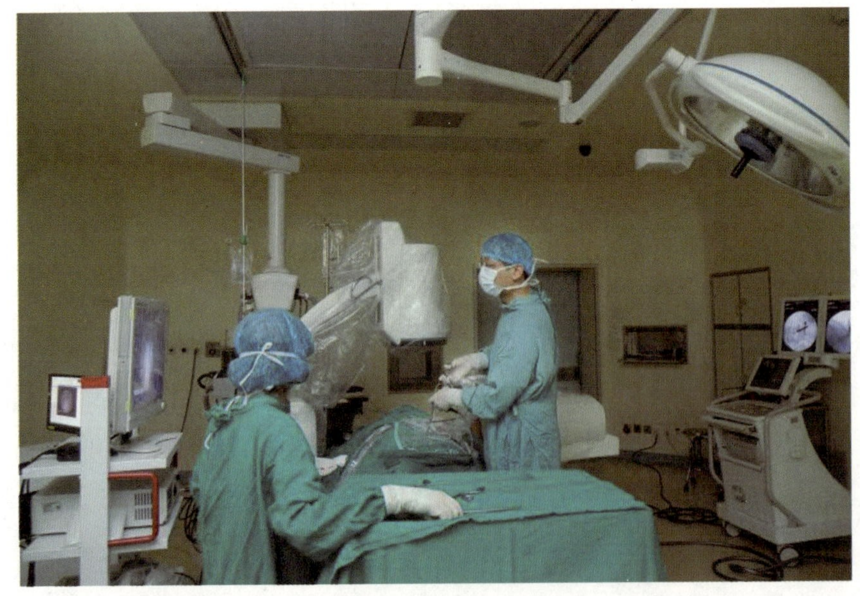

曹正霖在为患者手术

才能做到胆大心细。同时，钟老师也反复强调，不管做科研还是做医生，以临床为中心、以患者为中心，永远是最重要的。”正是由于具有扎实的解剖学基础和专注刻苦的钻研精神，曹正霖在手术方面的悟性非常高，绝大部分新手术都是首次开展就获得成功。

而今，曹正霖依旧遵循着两位导师的教诲，上至高难度手术，下至为孩子进行骨牵引，只要有需要，从来都是亲力亲为，只为了让患者得到更好的服务。佛山市中医院骨一科护士长刘凡笑称：“科内医护都知道，搞不定的事找主任肯定行，主任也从不推脱，是我们的榜样。”

## 二

2007 年，因军队改革需要，曹正霖选择从部队转业地方。退伍不褪色，转业后的曹正霖依然保留着特别能吃苦、特别能战斗的军人作风。转业后的曹正霖选择来到以骨伤科闻名华南地区的佛山市中医院。据悉，曹正霖对该院早有耳闻，经时任科教科科长余海波介绍，了解到医院骨伤科的规模后，更是十分憧憬，“有这样的业务量，锻炼机会很多，服务空间也很大，可以说是骨科医生的心之所向”。

虽然师从院士，更是博士身份，但他却是抱着学习的心来到该院的。直到今天，刘凡还记得第一次见到他时的样子：“当时他就背着一个书包，说来找我们骨伤科中心的主任。后来听说他就是新聘请的博士，我们都吃了一惊，丝毫没有专家的架子，谦逊而礼貌。”

到院后，迅速进入工作状态的曹正霖遇到了一件举国皆知的大事。当年的 5 月 12 日，四川汶川发生地震，当地医院不堪重负，国家将部分伤员转送全国各地治疗，佛山市中医院也成为抗震救灾

的定点医院之一。为此，医院专设了爱心病房，由曹正霖担任科室主任，先后接收了 16 名患者，其中有 2 位是伤情极为严重的高位截瘫伤员，还有年龄为 87 岁的高龄患者。在其领导下，临时组建的爱心病房表现出良好的救治水平和超前的康复思维：一位高位截瘫伤员在手术前就获得康复指导，成功手术后即开始进行系统规范的康复训练，很快就能够起床转移和使用轮椅等；多位截肢患者也进行了系统规范的神经康复、截肢康复训练，出院前已经能够使用假肢步行；而收治的八旬高龄患者经过救治，病情康复，也顺利回到了家乡。

爱心病房救治任务为曹正霖的职业生涯写下了浓墨重彩的一笔。很快，他因工作出色升任佛山市中医院骨一科主任。在他的努力下，不到十年时间，该科手术量增加了 10 倍，其中四级手术量就超过九成。该科也成为华南地区规模最大、患者来源最广、收治患者最多、开展手术种类最全、手术例次最多的脊柱外科之一。而曹正霖本人每年主刀的四级脊柱手术超过千例，多年来四级手术量位居全院第一，脊柱手术量也在全国排名前列，经常从早晨做到深夜，手术效果优异，从未发生过任何差错。他常说："我做手术有瘾，在一次次的手术里治好患者，不断完善技术，教会更多的年轻医生实操技术，虽然辛苦但很快乐。"

## 三

2019 年，曹正霖带领骨一科团队成功为一名颈椎骨折患者实施后路经皮内镜下微创枢椎椎弓根螺钉置入内固定术，术后 3 天患者顺利出院，手术非常成功。据介绍，在皮内镜下进行颈椎置钉术在国内外均未见文献报道，可称为世界首例。

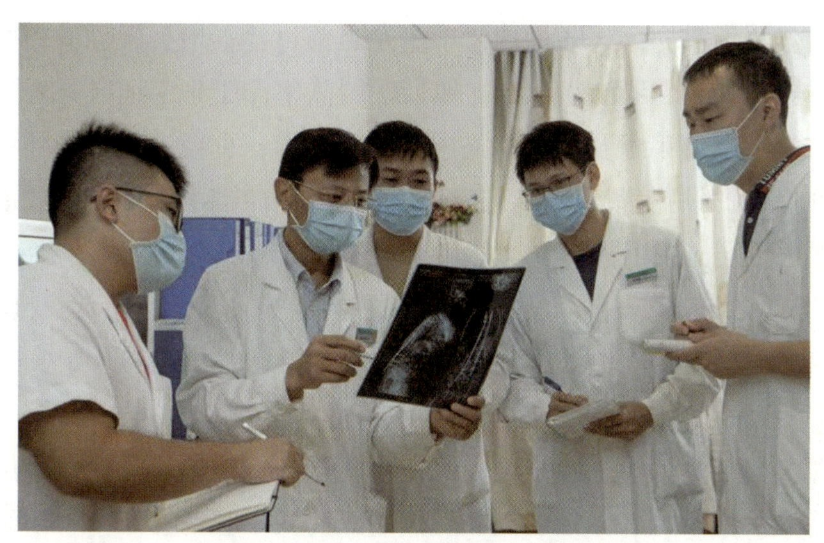

曹正霖（左二）与助手在分析患者病情

手术的当事人潘女士（化名）当年59岁，由于车祸导致颈2椎体（枢椎）右侧椎弓根骨折、左侧侧块粉碎骨折。当时常规的治疗手段包括：风险极高的切开手术，或长时间卧床牵引，或穿戴超过3个月厚重外固定（如Halo架外固定）的保守治疗。这对于潘女士来说，都难以接受。

一切以患者需求为先。为减少手术风险及术后康复压力，曹正霖与团队多次讨论，决定另辟蹊径——实施颈椎后路内镜微创手术。该手术不仅具有切口小、创伤少、辐射低、术后疼痛轻、康复快、并发症少等优点，且在内镜辅助下置钉，过程能充分展现在术者视野下，其安全性更高，可谓是一箭双雕，解决了潘女士所疑虑的多种问题。

“我相信你们的技术水平，一定不会让我失望的。”潘女士对这一负责任的团队选择了百分百的信任，而让她感到惊喜的是，术后当天她便可下床走动。“幸好我遇到了曹主任，否则不知道会是怎样的一段经历。”至今，潘女士仍对曹正霖及其团队充满感激。

据曹正霖介绍，颈椎内镜手术是目前世界上最为微创的颈椎手术方式。2014 年及 2016 年，他带领团队率先于华南地区开展颈椎后路内镜微创手术及颈椎前路内镜微创手术，称得上是脊柱外科界微创技术的领跑者。而今，其团队脊柱内镜微创手术开展的数量和质量也位居国内前列。

这样的“第一”称谓，在曹正霖身上并不止一个。在科研领域，曹正霖是第一个提出人工寰齿关节的概念并最早开始实验研究的，其有关上颈椎论文为我国近 20 年来相关论文引用率前 3 名。同时，他也是世界上较早创新性采用寰椎环抱钩治疗寰枢椎脱位和不稳的医生。此外，他还担任广州中医药大学和南方医科大学硕士研究生导师、世界中医药学会联合会骨伤科专业委员会常务理事，至今以第一作者及通讯作者发表论文 60 余篇，获省部级科技进步奖一等奖 1 项、二等奖 4 项、三等奖 2 项，获国家专利 5 项，研究基金 10 项。

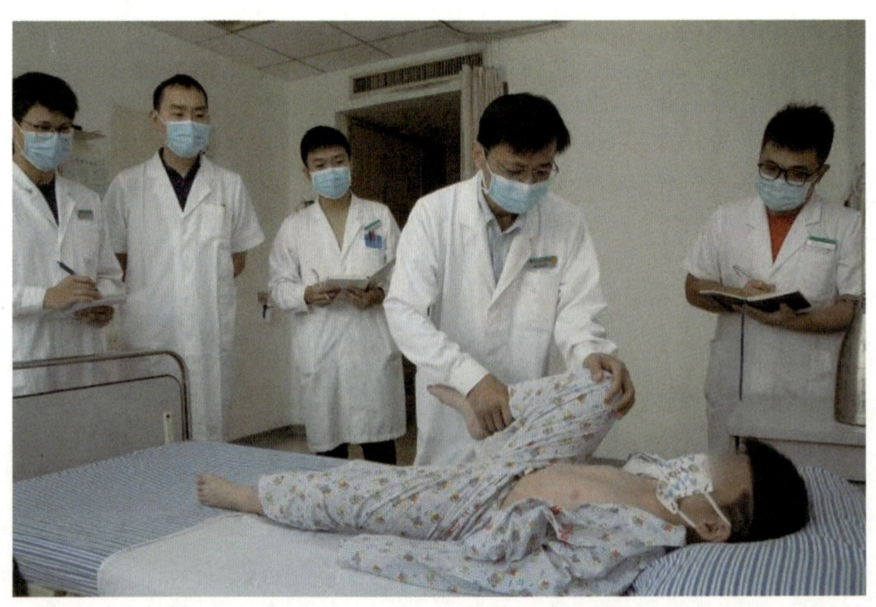
曹正霖在检查患者术后恢复情况

不过，众多荣誉的加身并未改变当日那个“背包客”般的曹正霖，“学在路上”始终是他的宗旨。他的学生、佛山市中医院于淼副主任中医师提道，只要一有前沿技术的学习班，或新技术应用手术的演练和直播，他总是和年轻医生们一起学，从不曾故步自封。“减少患者的创伤，加快恢复速度，微创手术的深入是我们发展的方向，我希望能有更多机会学习进步。”

## 四

曾经有一位极重度先天性脊柱侧后凸的粤东女孩小云（化名）找到曹正霖问诊，19 岁的她身高仅 120 厘米，自 12 岁确诊后多次在其他医院问诊，均因病情太重而被婉拒手术。据悉，这类患者的脊柱畸形极严重且僵硬，由于脊柱椎管内包含有脊髓，手术矫正中易损伤脊髓而导致截瘫，可谓是世界级难题。然而，严重的侧后凸导致小云的胸腔容积变小，甚至影响了心肺功能，如果不进行手术矫正，将会明显缩短病人的预期寿命。

结合病情并征询病方同意后，曹正霖决定给患者实施效果最好也是难度最高的全脊椎切除畸形矫正术。术后，小云畸形明显减轻，身高增长了 18 厘米，外形大大改善，呼吸也舒畅许多。“手术效果已经大大超出我们预期，太满意了！如果不是曹主任迎难而上，我女儿该怎么办？”出院时，女孩的家属激动地对该科医护表示感谢，并表示曹正霖结束了女孩长达 7 年的“骆驼背”痛苦期，还在治疗期间耐心劝慰，让她恢复了自信，真正给患者赋予“新生”。

对此，于淼也印象深刻。在他看来，“有时去治愈，常常去帮助，总是去安慰”这句闪烁医学人文关怀的经典名言，在曹正霖身上得到了印证。“这个女孩一开始非常沉默，老师不仅用技术为她

排忧解难，还从心理上给予鼓励和希望，最终让女孩变得开朗而积极。学高为师、身正为范，他对患者无微不至的关心和精湛的手术技术，是我一直以来学习的榜样。”

2016 年，曹正霖到成都参加学术会议，探望了还与自己保持联系的几位汶川地震时的伤员。安徽女孩小万就在其中，她与先生当年在四川都江堰的夜宵街当驻唱歌手，地震导致她双侧小腿截肢。重逢的时候，她仍在那条街唱歌。“我特别记得她的笑容，即便是截肢后伤口愈合不良而进行了四次清创手术和一次次伤口换药时，她依然保持微笑、乐观向阳。”看着她及膝的裙子下的假肢，曹正霖既心疼又欣慰，在他看来，这也是医护间相互成就的感动。

实际上，近年来因强直性脊柱炎、脊柱侧弯、截瘫等导致身体畸形或无法行走的患者经其救治后恢复正常，激动落泪甚至差点跪地致谢的案例时有发生。每每看到患者“浴火重生”，曹正霖总是感到充满力量：“医者仁心，病人经历的痛苦与困难常常让我感同身受。其实行医如同行善，治病更是治病人，作为一名医生，我认为健康是多方面的，我们要从生理、心理，甚至节省费用等多方面考虑，才能更好地帮到病人。我愿意尽我所能，让更多患者尽快康复，在人生路上‘昂首前行’。”

## 作者简介

李晔至，女，广东清远人。中山大学中文系毕业。资深党报媒体人，多次获得全国性医疗卫生系统的新闻及传播奖项。

# 乡村好医生

张炳锋

钟汉清

## 主人公小传

钟汉清，广东梅州人，梅州市五华县转水镇黄龙村卫生站医生，1979年1月参军，1984年1月从部队医院退役，一直坚守在黄龙卫生站当村医。先后被评为“全国优秀乡村医生”“全国模范退役军人”“最美退役军人”“广东好人”“梅州好人”等。

37年执着坚守，钟汉清始终没有离开这个岗位，从满头青丝到双鬓花白。

37个春夏秋冬，钟汉清常年奔波在黄龙村的条条小路上，践行着“救急扶伤”的诺言。

钟汉清坚守的这个岗位，就是我国医疗卫生的基层单位——乡村卫生站。他在这个普普通通又极不平凡的岗位上，诠释了作为一名乡村好医生的高尚情怀。

# 三十七年不离不弃

20 世纪 80 年代，黄龙村的医疗条件还很落后。村民患病要自己划竹排渡过 100 多米宽的五华河，到对岸的转水镇卫生院去看，很不方便。患者得不到及时医治，有时小病拖成了大病。遇到雨季，满江洪水，竹排不能渡河，患病的乡亲只好“望河兴叹”。乡村医疗的现状，深深刺痛了刚从部队医院退伍回来的钟汉清，他毅然放弃了到县医疗卫生单位工作的机会，选择留在家乡当一名普通村医，并于 1986 年考取了乡村医生证书。

从军人到村医，钟汉清心里有不小的落差，但他想到能为乡亲们救急扶伤，就挺起胸膛坚持了下来。他所在的黄龙村位于五华河畔，有 21 个村民小组，近 1100 户，5000 余个村民。他一肩挑起了给这 1000 多户人家送医治病的担子，为村民的卫生健康日夜奔波，没有出现漏诊、误诊、错诊情况，更没有出现过医疗事故。30 多年

钟汉清常年奔波在乡村小路上

来，他几乎没有离开过村卫生站，连县城都很少去。

10 多年前，村医的地位还比较低，工作繁重，待遇也没有跟上。正巧那时，钟汉清有两次调入大医院的机会，对方承诺不仅要给他一个好的职位，而且还许以优厚的待遇。说实话，他确实心动过，想到自己 20 多年从事乡村医疗工作的艰辛，几乎没有过上一天轻松愉快的日子，心里的酸甜苦辣，真可谓五味俱全。可真要是去换个好的工作和生活环境，他还真有些犹豫不决。

“钟医生，听说你要调走，是真的吗？你要是走了，我们这些老百姓有病了怎么办，找谁看病，到哪里去看病呢？”70 多岁的钟炳祥大爷听到他要调走，专门找到他“唠嗑儿”。那些天，还有许多村民找到卫生站，希望他留下来，继续当他们卫生健康的“守护神”。

面对纯朴村民的恳切目光和真切挽留，钟汉清心里感到极大震撼。“村民需要我，信赖我，我唯有选择坚守，担当责任，不离不弃，才能回报他们的厚爱。”

## 勇于担当取信于民

黄龙村卫生站，远离大医院，交通不方便。遇到突发的危重患者时，钟汉清不免有点“手忙脚乱”。他不仅要克服人手少的困难，还需要敢于担当、勇于负责的品质和勇气。

男性患者吕某某，2001 年在建黄龙小学时不慎被毒蜂蜇伤，被人发现时已昏迷在厕所里了，工友急忙将他抬进卫生站。钟汉清检查发现，患者全身乌黑、浮肿，冷汗淋漓，大小便失禁，已经不省人事了。

女性患者梁某，2014 年 5 月的一天上午在家中突发急病，家人

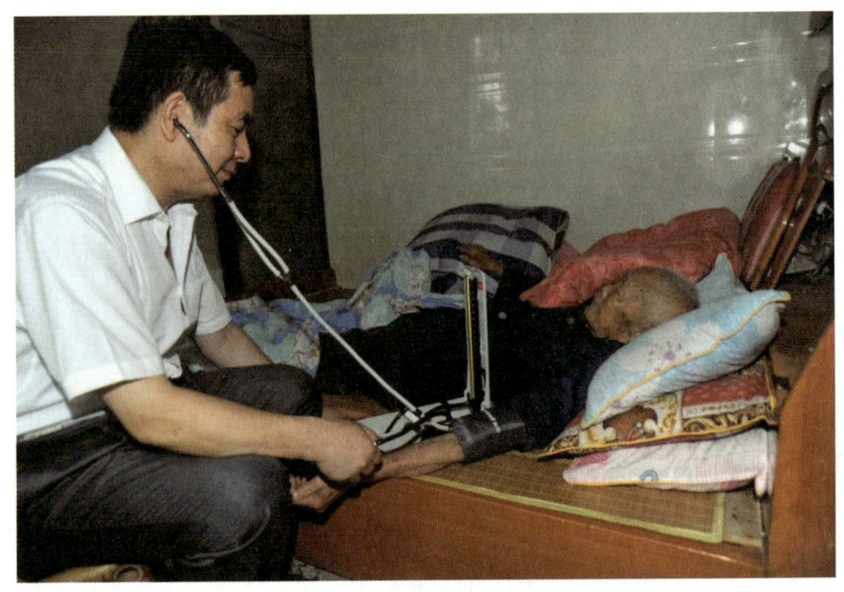

钟汉清到村民家里为老人看病

用摩托车驮着她来卫生站的路上就已经昏迷。钟汉清接诊后，发现患者心跳、呼吸、血压、体温等生命体征都十分微弱了。

面对这些病情危重的患者，他没有半点犹豫。为名声而患得患失不是他的风格。争分夺秒，抢救患者，是他义不容辞的天职。不然，这两位患者很可能会出现意外。一人倒下，全家悲苦，后果难以想象。由于抢救及时，诊断准确，对症下药，这两位重症患者终于脱离了危险，被人抱着进卫生站，自己走着回到家。

2004 年 3 月的一个傍晚，钟汉清为丰富患者治疗时的文化生活，自己动手接通到卫生站的有线电视，但不慎从 3 米多高的竹梯上摔了下来，双脚的脚跟很快肿了起来，晚上痛得在床上打滚。次日，他让家人搀扶到县医院拍片后才发现，一只脚跟骨裂 6 厘米，另一只脚跟骨裂 4 厘米。县医院的医生看到结果感到惊讶，让他住院治疗。伤筋动骨 100 天，怎么也要住上个把月的医院，可村卫生站一天也离不开他呀。他拍完片后，当天就回到了卫生站。他时刻

牵挂着乡亲们，每天让家人背他到卫生站一楼诊室，坚持给患者诊治，一天也没有放下工作，更没有因自己的伤痛而冷落前来看病的乡亲。

做乡村医生的这些年，钟汉清同样也获得了与其他工作一样的成就感。每当他看到亲手治疗的病人恢复健康，重新过上幸福的生活时，每当他行走在村里，老乡们纷纷笑脸相迎，热情打招呼时，逢年过节，外出务工的乡亲回来，专门登门对他说："钟医生，家乡人们感谢你！有你在，我们这些外出务工人就能安下心来做事。"每到这样的时刻，他都满心成就感。有位年近八旬的戴大娘拿着 10 多个鸡蛋到卫生站，一定要让他收下，不收就给他下跪，这也让他感动得泪流满面。

金杯银杯不如老百姓的口碑，能够得到乡亲们的赞誉和敬重，成为他一直坚守在黄龙卫生站的动力。

## 打铁还须自身硬

虽然在最基层的卫生站工作，但就医患者几乎什么病症都有。麻雀虽小，五脏俱全。仅仅精通某一"专科"，那是远远不够的，必须精通"全科"，包括儿科、妇科、精神科。

钟汉清深知，他在部队医院所学的医学知识和医疗技术是"撑不起"一个卫生站的，必须要有新的本领，才能充当全科医生的角色。为此，他边干边学，勤奋钻研，不断总结经验，不断提高自己的医学知识和业务技术水平，积极参加各类自学考试。1997 年，他毕业于广州中医药大学，医学知识基础越打越牢。

由于钟汉清心系百姓，勇于担当，看病疗效好，服务态度好，收费低，方圆十里八乡的患者都来找他看病。从医几十年来，几乎

每天都是从早忙到晚，还常常要出诊，风雨无阻，可他从不叫苦叫累，推三阻四，真正做到了随叫随到，有求必应。

患者钟彩华，因在一次重体力劳动中受外力冲击，导致腹部大肠穿孔，急送县医院救治，几天后病情加重，医生下发了病危通知，叫家属办理出院手续，回家准备后事。患者出院回家后，家属不忍心放弃，请钟汉清来家里救治，做最后的努力。钟汉清闻讯二话没说，背起药箱就出发。此时，患者处于高度昏迷状态，床上有呕吐物，大小便失禁，气味刺鼻。他没有犹豫、嫌弃，走到患者床前，当即对患者进行紧急抢救，吸氧，导尿，插管洗肠等，依次展开，忙而有序，及时稳定了患者的病情。经过两个星期的精心治疗，患者终于痊愈，能下地干活儿了。

## 守护健康心系百姓

钟汉清生在农村，长在农村，深知山区乡亲生活的艰难与困苦，更多地直接面对不少村民有病无钱医治的悲哀和无奈。所以，只要是来找他看病的患者，他都当成自己的亲人一样看待。“有钱无钱先看病，治病才是最重要的。”钟汉清说。

黄龙村属于贫困山区，村民生活并不富裕。钟汉清从事乡村医生工作以来，为使乡亲有病看得起，他恪守服务宗旨，努力提高服务质量，为每位患者做到诊断正确，合理用药，可用可不用的药尽量不用，能用便宜的药就不用贵重的药，尽力为患者提供疗效确切、价格低廉的医疗服务。

行医 30 多年来，钟汉清为特困户、低保户、残疾人等治疗一般性疾病都是免费的。对经济有困难的患者和军烈属、退役军人及其他优抚对象的患者，他都要减免医药费用，先治病后付费，累计

钟汉清在“最美退役军人”发布仪式上

被欠款 5 万多元。为了不让患者有心理负担，他把这些医疗费用的欠条，全部销毁了。

2003 年，国家推行新型农村合作医疗制度。这是国家惠及农民的大好事，但有些村民不理解，不参与。为了让村民早日得到医疗改革的实惠，分享国家经济发展带来的生活水平和健康水平不断提高的成果，钟汉清走村串户积极宣传，给乡亲们耐心解释新农合政策，并主动出资为经济确有困难的村民参保。

随着医改的不断深入，乡村医生还承担着大量的公共卫生服务工作。为了防患于未然，钟汉清和他的同事给辖区内 5000 多名村民逐一建立了健康档案，对 18 个重症精神病患者进行重点监管，对 300 多个高血压、糖尿病患者定期检查，指导服药。

这么多年下来，钟汉清逐一访遍了全村家家户户，对不少村民病情的了解比他们的亲人了解的还多；一些常年卧床不起的老人，什么时候该用什么药，生活饮食起居应注意事项，他都记得清清

楚楚。

作为一名共产党员、退役军人，钟汉清感到仅靠自己的医技为村民服务是不够的，还要力所能及地把村里的公益事业作为一项义务扛起来。1998 年，黄龙小学建校遇到资金困难，他主动捐款一万元；2004 年，黄龙村遭受几十年不遇的大旱，为了不误农时，他出钱买回抽水机、电缆等设备，组织人员抽水抗旱，保证了村里 600 多亩农田及时插下了秧；2008 年，他还把“全国优秀乡村医生”获奖时国家奖励的 5000 元，全部捐献给了五华县无偿献血奖励基金会等。

2020 年，一场突如其来的新冠肺炎疫情暴发。他作为一名基层医务人员，一直坚守在抗疫防疫工作一线，在做好日常医疗工作的同时，积极主动地跟镇村干部、志愿者一起走村入户，开展健康检查，做好健康登记，进行防疫宣传，解答有关注意事项，利用村里的乡亲微信群转发温馨提示，并把卫生站库存和想方设法购买的口罩、消毒液、抗病毒口服液、板蓝根冲剂、体温计等一大批防疫物资，免费发放给有需要的村民。

转眼间，钟汉清在黄龙村卫生站工作了整整 37 个春秋。花甲之年，感慨良多。他说：“37 年，一路走来，尽管我受过很多苦，受过很多累，但我无怨无悔，尽力当好一名村医，同时也收获了许多荣誉。这首先要归功于党和政府对我的培养和教育，使我懂得了责任和担当；还要归功于部队大熔炉的锤炼，不但让我学到了医术，还学到了坚强的意志和毅力；最后要归功于家乡父老乡亲对我一如既往的支持和帮助。百尺竿头更进一步，我会继续努力。”

## 作者简介

张炳锋，广东五华人，现任梅州市五华县委宣传部副部长、县委新闻秘书。先后在《南方日报》《羊城晚报》《广州日报》《梅州日报》等主流媒体发表新闻作品数百篇，多篇作品获评全省新闻奖。

# 医者仁心

周靖婷　彭逢美

陈俊抛

## 主人公小传

陈俊抛，广东普宁人，主任医师，神经内科专家，南方医科大学中西医结合医院脑病科主任，曾担任广东省第二人民医院神经内科主任。在脑血管病、癫痫、帕金森病、痴呆、神经系统的疑难杂病诊治方面有着丰富的经验，主编《中西医结合脑血管病治疗学》《痴呆治疗学》《临床神经疾病诊断学》等专著。先后被评为“全国卫生系统先进工作者”“全国医德标兵”，登上“2018 胡润 · 平安中国好医生”榜。

“作为一名有着 35 年军龄、49 年党龄的医生，能够发挥自己的余热，继续做些有利他人和社会的事，是一件很有意义的事。”在即将迎来建军 95 周年前夕，年近古稀却依旧坚守临床一线的陈俊抛主任接受了我的采访。

陈俊抛是南方医科大学中西医结合医院脑病科主任。1979 年从原第一军医大学毕业后在珠江医院神经内科工作，2005 年调往广东省第二人民医院任神经内科主任直至退休。原本退休后可以在家安享晚年的他，毅然选择继续为患者服务，于 2016 年返聘到南方医科大学中西医结合医院，继续为患者提供医疗服务。“只要患者需要我，我就一直干到老。”

## 深耕临床

陈俊抛从医 40 余年，在脑血管病、癫痫、帕金森病、痴呆、神经系统的疑难杂病诊治方面有着丰富的经验，主编了多部专著。但他不满足于现有的知识和技术，坚持学习，与时俱进，刻苦钻研业务技术，勇于开拓创新，不断开展新技术。他率先带领团队在医院开展脑血管造影、颅内外支架植入术、动脉瘤栓塞术等介入手术，紧跟脑血管病介入治疗前沿。

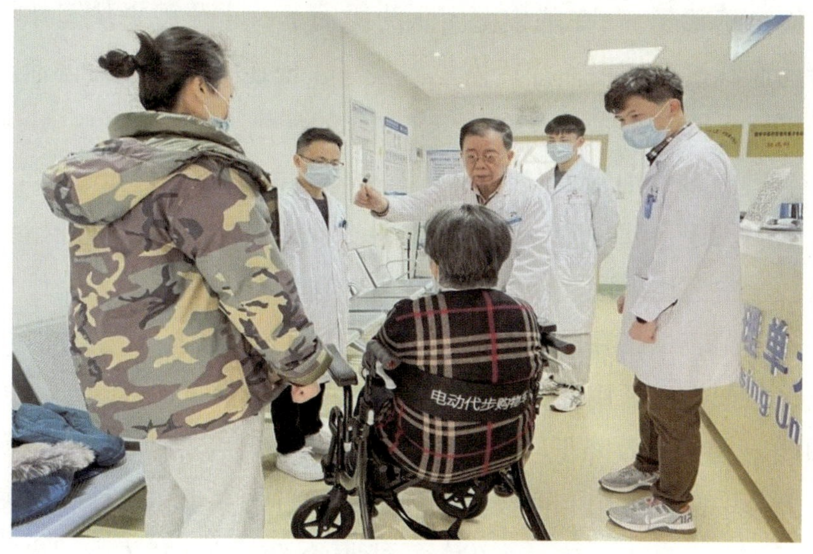


陈俊抛在给患者做专业检查

因“颅内静脉窦狭窄”入院的39岁的黄先生，因头痛剧烈、走不了路，在很多医院看了都没效果，被怀疑是抑郁症、运动神经元病。陈俊抛接诊时，发现患者并没有下肢萎缩的情况，于是留心做了腰穿，一查脑脊液压力飙到400多，进一步做了MRV，确诊为脑深静脉血栓。“脑深静脉血栓在临床不多见，普通的头颅CT、MR一般看不出来。”陈俊抛说。这类疾病多发生于产褥期妇女，脑静脉窦血栓形成，血液回流不畅渗入脑组织，引起颅内压增高。黄先生住院40多天，经积极抗凝、肝素钙静脉溶栓、脱水降颅压、改善循环、抗炎等一系列治疗，度过了危险期，身体逐渐康复。

脑病科收治病种多，不乏一些疑难杂症。3年前，科室曾接诊了2例血卟啉病。“这个病广东很少见，我们给诊断出来了。”陈俊抛回忆说。17岁的女孩小萍（化名）因腹痛、全身抽搐来就医，以往癫痫的治疗方案没有效果，且已出现肝肾功能不全、心律失常等症状，上了呼吸机。“我们左思右想，想到了一个罕见病——血卟啉病。当把患者的尿液拿到太阳下晒时，果然变成了红褐色，基因检测也确诊了。”在陈俊抛团队的协助下，小萍后来从国外购得救命药血红素，积极治疗后恢复得很好，现在完全能生活自理。大约半年后，科室还成功救治了一名同样的病例。

掌握更多最前沿的技术和知识是陈俊抛不懈的追求。6年前，该院脑病科还在起步阶段，神经内科专业出身的陈俊抛又开始新的探索，学中医用中医，带着团队建立脑血管病的中西医结合诊疗方案。陈俊抛表示，在脑炎退热、中风恢复期的调理，用上中医效果好很多。包括辨证用药，结合针灸、推拿等，促进患者运动、语言等功能康复，有效降低卒中致残率。如今，科室中西医协调发展，业务上分中医治疗组和西医治疗组，人员各占一半，总体中医参与率达到40%。随着科室技术发展，能收治的病种不断扩大，患者也

越来越多，早已成为南方医科大学中西医结合医院收容患者最多的科室。

## 使命担当

近半个世纪以来，陈俊抛见证了第一军医大的沧桑巨变。

南方医科大学的前身是中国人民解放军第一军医大学，创建于1951年，1979年被确定为全国重点大学，2004年8月整体移交广东省，更名为南方医科大学。

1975年，陈俊抛走进第一军医大学时，学院刚由中国人民解放军军医学院改名。采访中，他回忆往昔岁月，脸上写满了自豪和骄傲。

“我是1970年入伍，在部队当了5年战士。1975年经过部队严格筛选，再通过考试，就走进了第一军医大学的校门，成了一名工农兵大学生。当时，社会百废待兴，大家都非常珍惜这来之不易的学习机会，晚上10点熄灯后很多同学还要到电线杆下看书，还有人用手电筒在被窝里看。毕业分配时，经过学校选拔，我们一共有8位同学留校任职。”

陈俊抛分享了一段他亲历的校史。他说：“1970年第一军医大学从长沙迁入广州时，校址坐落在现在的暨南大学。1979年为了落实华侨政策，第一军医大接到命令，要求搬到麒麟岗。当时，麒麟岗校区和南方医院都还在平整土地，病房还没有建，甚至连地基都没挖好，学员白天上课，晚上7点到10点全部老师和学生都去挖地基。那时候机器很少，我们就用锄头和铁铲手工挖，病房大楼就是这样建起来的。”

陈俊抛说：“那段日子非常艰苦，无论是上课还是生活都只能

在帐篷里，刮台风也没办法，我们在帐篷里住了将近两年，大楼才建好。珠江医院从永安搬过来的时候，请不起搬运工，都是师生们把东西一件一件地搬上火车运过来的。”

“我们作为军医，肩负着更崇高的使命与责任。搬到麒麟岗站稳脚跟后，便开始到各个县城的医院开展医疗帮扶工作，直到现在仍然有当时的患者过来找我。”陈俊抛说。他跟着大学发展的步伐一路走来，沿路披荆斩棘，医术上取得了累累硕果，成了德技双馨的医者楷模，可他对名利看得很淡。“我只是一个普通老头，没什么值得说的。”

## 情系患者

陈俊抛始终把患者满意度作为行医的准则，急患者所急，想患者所想，关心体贴患者，坚持为患者提供价廉、质优、高效的

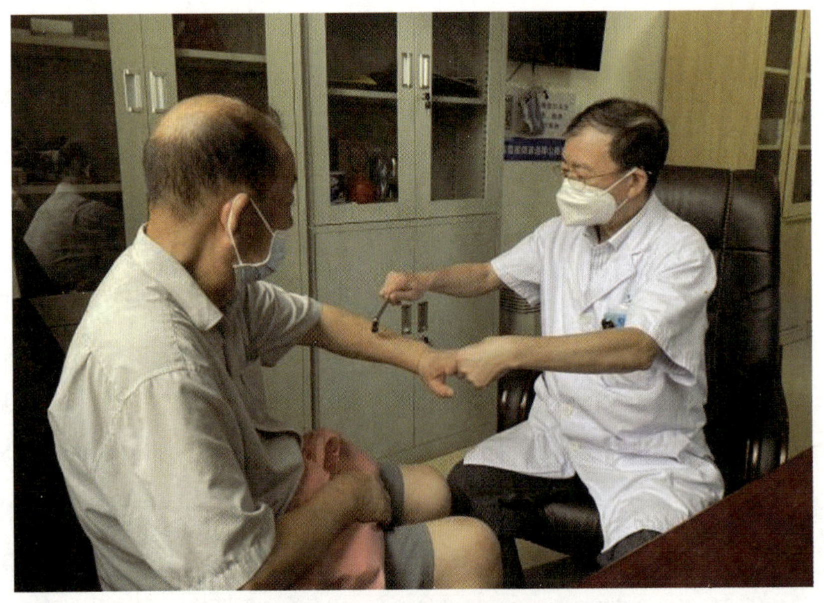

陈俊抛在为重症肌无力病患做神经检查

医疗服务。

一位来自揭西农村的60多岁老大爷慕名来找他看病，老大爷当时身上带的现金很少，除去回家的车费所剩无几，无法支付医药费。他知道情况后，二话没说，主动帮老大爷垫付了2000元医药费。老大爷被他的热心深深感动，经过陈主任诊疗，自己的病痛解决了，后来还陆续介绍多位乡亲来找陈俊抛看病。

“一个病人在我这看好了，回去又带病人来，我很感动。医生要不断提高自己的诊疗水平，不辜负患者的信任。”陈俊抛常以此自勉。为了让患者能够随时找到他，他公开了自己的电话号码，手机24小时开机，只要患者需要，就是半夜三更他也不厌其烦地为患者解决问题。

一次周六的晚上，急诊来了个脑出血的患者，病情危重，需要紧急行经颅钻孔血肿引流术。陈俊抛当天到韶关会诊，回来时已是万家灯火，但得知这个患者的情况，他放心不下，顾不上休息一下，就马上赶到科室带领团队抢救患者，手术结束后已是凌晨一点多，陈主任才拖着疲惫的身体回家。

快速反应，是对脑病科医生的基本要求。急诊电话随时可能响起，送来脑梗死的病人，绿色通道随即启动，要在第一时间诊断明确，予抽栓、溶栓，必要时及时转送外科。为更快速地抢救患者，年近古稀的陈俊抛主任带领科室的医生开展床边钻颅血肿抽吸术，就地定位，打孔引流血肿，有效降低颅内压。这种方法快、准，节约了急救转运的时间，也避免了开颅手术，减少了对患者的创伤。

陈俊抛每天“朝8晚6”，守着病区的100多个病人，还常常因为要处理危急重症而加班，周末也习惯去病房转一圈。为了看好病区100多位病人，及时抢救危急重症，后来他放弃了出门诊，让病人直接来病房找他。每天上午循例查房，重症病人他都会亲自看一遍，与主管医生讨论治疗方案，下午安排手术，晚上下班前也必定到重症病人床前看看，才能放心。他说：“能帮病人解除痛苦，我很快乐，也非常光荣。”

## 历久弥坚

长年扎在病房的陈俊抛，有一段时间病人突然找不着他，被告知“出差了，要出趟远门”。熟悉陈主任的人才知道这期间他经历了什么。

2018 年年底，陈俊抛感到身体不适，后诊断为白血病。他住进医院接受治疗，并于 2019 年 4 月接受骨髓移植。医生嘱咐他，移植后的半年须静养。所幸，陈俊抛康复顺利，一切指标向好。移植后 2 个月出院，闲不下来的他就往科室跑。“有好几个病人一直在等我，没见到我就不肯住院。”大病初愈的他每个星期都会去科室巡询两次，为的是给病人送上“定心丸”。

被他记挂着的病人，也在记挂着他。陈俊抛住院期间，有得知消息的病人专门去看望他，还有专程从外地赶来的。有些跟随他多年的病人，时不时会打来电话，跟他唠唠近况，像亲人一般关心他。

“病人需要我，我又留下了。”2019 年年底，复查指标全部恢复正常，陈俊抛带着同事们的热切期盼回归了，扎入病房，依旧干劲满满。他笑说自己是“劫后余生”，还能发挥所长献余热是件高兴的事，希望能尽力多帮助一些病人。

科里细心的医生发现，主任比以前更“暖”了，对待病人几乎是“有求必应”。“我自己当了一回病人，也更懂得病人了。”陈俊抛说，感觉更能理解病人的心情了，“对于合理的要求，医生要尽

量满足他们，要用病人能接受的方式，和他们讲清楚病情。”他常对科里人说，“患者住在医院很不容易，大家要设身处地为患者解决问题”。

前年，科室从主体楼的单层楼搬迁到了两层楼的新病区，面积扩大了2倍多。陈俊抛每查一次房，至少要花2个小时，他还是坚持每天至少走两遍，周末也习惯回来看看重症病人，即使是疫情最严峻的时候，也不例外。对一些疑难病例，他亲自查体、查看检查报告、制定治疗方案，亲自评价治疗效果。

陈俊抛与团队分析患者病情

## 身正为范

陈俊抛不仅自己注重学习掌握新知识、新技术，还非常重视科室年轻医生的培养，鼓励年轻医生参加培训、进修和各类考试，撰

写学术论文。他经常以疑难病例为切入点，将自己掌握的知识和积累的经验毫无保留地传授给大家。

科室医德医风建设是陈俊抛常抓不懈的工作。“对待患者要‘雪中送炭’，不能让他们‘雪上加霜’，红包回扣面前坚决不能伸手。”这是陈俊抛一直遵循的医德原则。行医40余年，时有遇到患者用各种方式送来的红包，为了让患者安心住院治疗他总是先收下红包，然后把红包当患者住院押金交到收费处，让科室保管好押金条，等到患者快出院时再把押金条交给患者。

陈俊抛关心体贴科室同事在医院也是出了名的。虽然从年龄上说，他是很多年轻人的爷爷辈，但他风趣幽默的性格消除了年龄上的距离感。他对大家的生活福利也非常关心，有时护士奖金少，他就通过降低自己的绩效来增加他们的收入。

春风化雨，润物无声。陈俊抛时刻用行动影响着身边的每一位医生，激励大家以患者为中心，用实际行动践行医务人员的初心和使命，为人民健康奉献爱与力量。

## 作者简介

周靖婷，女，南方医科大学中西医结合医院宣传科科员，新闻传播学硕士，在中文核心期刊《青年记者》上发表多篇论文。

彭逢美，女，南方医科大学中西医结合医院宣传科科长，从事医院宣传工作多年。

# 南粤大地上的天使颂歌

——“广东最美退役军医”征文评选活动综述

大湾区，大未来，成为退役军医重整行装再出发的大舞台；

大手笔，大情怀，讴歌南粤大地上的白衣天使奋进新时代。

广东省在全国率先开展的“最美退役军医”征文评选活动，已于7月29日在中山市火炬开发区人民医院多功能厅圆满谢幕。中宣部“学习强国”平台、人民日报客户端广东频道、“中国卫生健康思想政治工作促进会”公众号等先后报道了征文评选活动，播发了相关视频，受到广泛好评。

征文比赛颁奖大会现场

# 率先开展“最美退役军医”征文评选活动

为纪念中国人民解放军建军95周年，贯彻落实中宣部、退役军人事务部、中央军委政治工作部关于开展“最美退役军人”学习宣传活动的通知精神，进一步激发广大退役军医的荣誉感、责任感、使命感，弘扬“珍爱生命、崇尚科学、乐于奉献、团结进取”的广东医生精神，由广东省卫生健康委员会机关党委指导，广东省卫生健康思想政治工作促进会牵头，与人之初杂志社、广东卫生在线联合主办广东省“火炬杯·最美退役军医”征文评选活动。中山市火炬开发区人民医院承办，南方医科大学南方医院、广东省第二人民医院、南方医科大学口腔医院协办。

据统计，广东省退役军人已达195万人，他们中有1所军医大学和4所野战医院成建制转业到地方的退役军医。这是一支信念坚定、业务过硬、乐于奉献的专业队伍，先进模范人物辈出。如全国道德楷模骆抗先、党的十七大代表王玲等。2020年广东省首届“最美退役军人”评选，卫生战线有3人当选。借纪念建军95周年的契机，广东省卫生健康思想政治工作促进会创新“最美退役军人”学习宣传活动模式，举办了“广东最美退役军医”征文活动。这对于促进党史学习教育的常态化，反映广东退役军医秉承军人本色，展现退役军人风采，讲好退役军人故事，唱响奋进新征程的昂扬旋律，以良好状态和扎实工作迎接党的二十大胜利召开具有很强的现实意义。

在省级层面评选最美退役军医，在全国省市自治区中还是第一次，各级组织和领导给予了高度重视和大力支持。征文活动期间，广东省民营医院和卫生社团组织联合党委专职副书记邓林峰同志带

队，到广东省卫生健康思想政治工作促进会进行党建工作调研，充分肯定了“最美退役军医”征文评选活动，之后又出席了征文比赛颁奖大会。他说：从部队到地方，南粤大地广大退役军医始终以忠诚于党、忠诚于人民的政治素养，拼搏进取、无私奉献的高尚品质，不畏艰难、勇往直前的英雄气概，勤奋学习、扎实工作的人生态度，在各自岗位上乐于奉献，以优异的工作业绩，为推动全省卫生健康事业改革发展做出了积极的贡献。习近平总书记对新时代退役军人寄予了殷切希望，全省退役军医将总书记的殷切期望转化为“退役不褪色，建功新时代”的磅礴力量，牢记嘱托、感恩奋进，以更加奋发有为的精神状态，为广东省实现“走在全国前列、创造新的辉煌”的光荣使命，提供更加坚实的健康保障。

三所医院获征文比赛“最佳组织奖”

广东省卫生健康委二级巡视员纪乐勤朗诵作品《半个世纪执着行医》

## 积极宣讲“最美退役军医”的动人故事

征文活动于6月2日启动后，在全省医疗卫生战线引起积极反响。至7月22日截稿，短短50天时间，就收到各类稿件125篇，题材丰富，风格多样，融思想性和文学性于一体，真实生动，质量上乘，在一定程度上反映了南粤大地上的退役军医可亲、可敬、可爱的良好形象。

回顾此次征文活动，有这样三个明显特点：

一是准备充分。作为本次征文活动的主办单位之一，广东省卫生健康思想政治工作促进会在前期做了大量准备工作，围绕“深入挖掘典型、逐级择优推荐、举行发布仪式、广泛宣传报道、开展主题活动、深化学习实践”等环节，分阶段推进征文活动，真正把实绩突出、群众公认、示范带动作用显著的先进典型挖掘出来、宣传出去。

二是投稿踊跃。此次征文活动得到了广东省退役军人事务厅的大力支持，各地市退役军人事务局，各大医院、协会等单位精心组织，各地作家、党务工作者、医疗系统的宣传人员踊跃投稿。单位投稿最多的是南方医科大学附属南方医院，有20余篇。除医疗卫生行业外，其他行业的文学爱好者也积极参与，有退休的原广州军区战士报老记者，有军队的退休干部，有企业的董事长，等等，作者队伍构成广泛。

三是典型多样。举办征文活动旨在从身边人身边事中挖掘典型，推出和宣传一批可学可鉴的先进事迹，把广东“最美退役军医”宣传活动做深做实。我们欣喜地看到，征文作品里的主人翁，既有大医院的知名专家教授，也有边检站的普通医务人员，还有为百姓无私奉献的乡村医生；既有在抗击新冠肺炎疫情一线的医生，也有视病人如亲人的护士，还有奋战在医疗战线其他岗位的人员，可谓百花争艳，典型辈出，充分展示了广东退役军医的风采。

为确保征文评审工作的严谨性，评委会本着公平、公正、公开的原则，经过初评、复审和包括杂志社总编、作家、记者等7人组成的评审团现场评选等多个环节，顺利评出各个奖项——南方医科大学南方医院、广东省第二人民医院、南方医科大学口腔医院获“最佳组织奖”；中山市火炬开发区人民医院获“特别贡献奖”。《半个世纪执着行医》等10篇征文获一等奖，《军中红梅傲风霜》等15篇征文获二等奖，《两封书信》等25篇征文获三等奖。

中山火炬开发区人民医院党委书记陈华（右）代表单位领取“特别贡献奖”

## 社会各界热烈反响超过预期

7 月 29 日下午，“广东最美退役军医”征文比赛颁奖大会在中山市火炬开发区人民医院隆重举行，对本次征文活动中的优秀作品、优秀组织单位进行表彰。广东省民营医院和卫生社团组织联合党委专职副书记邓林峰，广东省卫生健康思想政治工作促进会常务副会长亓玉台、副会长郗芳及中山军分区领导等出席会议。

此次征文活动虽然时间较短，但在南粤大地上引起的反响超过了预期。无论是各级纸媒和融媒体，还是政府各级部门的公众号，抑或是南粤大地上的各级医院，都产生了持续、广泛的影响。

人民日报客户端广东频道在征文比赛颁奖大会的当晚就刊发了消息，一周多时间就有 8 万多人阅读。消息称，征文作品生动反映

广东退役军医秉承军人本色，发扬“珍爱生命、崇尚科学、乐于奉献、团结进取”的广东医生精神，为全省卫生健康事业发展做出突出贡献，充分展现对党忠诚、服务人民的高尚情怀和吃苦耐劳、拼搏进取的高贵品质。广东省《南方日报》《广州日报》《深圳特区报》等媒体，也都及时报道了此次征文活动。

这些媒体认为，征文里的主人公戎装在身时，毅然走过烽火硝烟，保家卫国；白褂在身时，勤勉穿梭门诊病房，救死扶伤，用实际行动诠释了“战场救治，不怕牺牲；服务百姓，医术精湛；报效国家，甘于奉献”的军医精神。发端于江苏省淮安市的新四军“军医精神”，是新四军宝贵的历史文化财富，与“珍爱生命、崇尚科学、乐于奉献、团结进取”的广东医生精神一脉相承，是共产党人精神谱系中重要组成部分。传承红色基因，讲好军医故事，就是体现退役军人“奉献社会、服务社会”的价值担当。最美退役军医，他们美在自觉为党分忧、为国奉献、为民服务；美在身上烙印的军人作风、军人精神、军人信仰；美在退役不褪色，英勇顽强，使命不忘；美在艰苦奋斗、创新创业，谱写精彩人生。

“旨在提高全国卫生健康系统党建工作质量和效果，服务健康中国战略”的中国卫生健康思想政治工作促进会公众号，8 月 1 日刊载了“广东最美退役军医”征文比赛颁奖典礼的新闻，对征文评选活动给予充分肯定。

中宣部“学习强国”平台播放了征文组委会为征文活动专门摄制的短视频《我们当过兵》，好评如潮，短时间内点击量超过万人。有超千万粉丝的《第一军情》网播发了广东省第二人民医院成建制转业的《军人本色》的短片，并被“今日头条”、抖音转

发，播放量达到3513次，展示了退役军人的崭新形象，扩大了退役军医的积极影响，提升了退役军医的行业地位。

征文活动的影响力还在持续扩散，并正在成为激励全省退役军医秉承军人本色、弘扬广东医生精神的强大动力，成为南粤大地上白衣天使“喜迎二十大，永远跟党走”的颂歌。

“广东最美退役军医”征文活动组委会

# 广东最美退役军医“火炬杯”征文比赛颁奖大会举行

《人民日报》记者　程远州

为迎接中国人民解放军建军95周年，7月29日，在广东省中山市火炬开发区人民医院，广东最美退役军医“火炬杯”征文比赛颁奖大会隆重举行，对本次征文活动中的优秀作品、优秀组织单位进行表彰。

大会现场，一场场舞蹈、歌唱、朗诵等表演，呈现出军医的风采与荣誉；一篇篇获奖作品，记录了军医们退伍不褪色，继续为医疗卫生事业奋斗的初心，诠释着“战场救治，不怕牺牲；服务百姓，医术精湛；报效国家，甘于奉献”的军医精神。

本次活动由广东省卫生健康委员会机关党委指导，广东省卫生健康思想政治工作促进会、人之初杂志社、广东卫生在线主办，中山市火炬开发区人民医院承办，南方医科大学南方医院、广东省第二人民医院、南方医科大学口腔医院协办。

据介绍，本次大赛自6月启动以来，经过各方的努力和支持，共收到各类稿件100余篇，稿件体裁多样，生动反映广东退役军医秉承军人本色，发扬“珍爱生命、崇尚科学、乐于奉献、团结进取”的广东医生精神，为全省卫生健康事业发展做出的突出贡献，充分展现对党忠诚、服务人民的高尚情怀和吃苦耐劳、拼搏进取的

广东省最美退役军医"火炬杯"征文比赛颁奖大会现场

高贵品质。

经活动组委会组织专家评审，南方医科大学南方医院、广东省第二人民医院、南方医院大学口腔医院获"最佳组织奖"，火炬开发区人民医院获"特别贡献奖"；《半个世纪执着行医》《三军老兵的再次冲锋》《大医如水》等 10 篇稿件获一等奖；《军中红梅傲风霜》《战疫一线的铿锵女兵》《坚韧本色不老松》等 15 篇稿件获二等奖；《两封书信》《"白衣战场"》《最能打胜仗的外科医生》等 25 篇稿件获三等奖。

在颁奖大会上，中山市火炬开发区人民医院特诊中心专家、退役军医楚勤英接受了采访。楚勤英有着 30 年的军龄，退伍后成为一名地方医生，她最难忘的经历就是驰援武汉。楚勤英和爱人一直分居两地，2020 年春节，她带着孩子、父母刚从北京来到中山，准

备全家过团圆年。“大年初二，接到医院电话，通知我提前归队、驰援武汉。作为一名曾经的军人，我知道闻令即动，有召必回，这是军人的使命和职责。医护人员是抗疫前线的战士，我放弃休假、放弃家人团聚，连夜返回北京，加入驰援武汉的队伍。”

很多退役军医都和楚勤英一样，他们都是军医出身，兢兢业业奋斗在临床一线；脱下戎装，他们依然秉持一颗坚韧而赤热的军心。

（原载 2022 年 7 月 29 日人民日报客户端 · 广东频道）

# 致　谢

经过近一年的不懈努力，《杏林绿色浓——“广东最美退役军医”征文作品精选》终于呱呱坠地啦！我们怀着喜悦的心情，对以下各位表示诚挚的谢意：

首先，要感谢中国军事科学学会常务理事兼副秘书长罗援将军，百忙之中为本书倾情作序，充分肯定了此次征文评选活动，不惜笔墨为最美退役军医点赞。

中山火炬开发区人民医院为此次征文评选活动给予很多支持，组织节目、布置会场、安排迎送，为确保颁奖活动的顺利、圆满举办做出了贡献。

南方医科大学南方医院、广东省第二人民医院、南方医科大学口腔医院等单位热情支持了本次征文活动。

本书能够顺利结集出版，还得益于众人的鼎力相助。他们中，有署名的作者和没有署名的所在单位工作人员，有省卫健政促会的领导和办公室的编务人员，有资深新闻报人和军旅作家，还有出版社的责编和美编等等。他们都付出了辛勤劳动，确保了征文稿件的高质量出版。

由于编者水平有限，不足之处在所难免，欢迎批评指正。

编　者

2023 年 5 月 15 日